DIWRNOD MEWN HANES

CWYMP
WAL BERLIN

Jeremy Smith

Addasiad Eiry Miles

CYNNWYS

Gyda'r nos ar Dachwedd y 9fed, 1989, cafodd y wal goncrit a fu'n rhannu Berlin yn ddwy am dros 30 mlynedd ei dymchwel gan bobl Berlin eu hunain. Bricsen wrth fricsen ac yna ran wrth ran, datgymalwyd y mur cadarn hwn – a oedd yn ymdroelli dros 160 o gilometrau o gwmpas prifddinas yr hen Almaen – pan drechwyd rhwygiadau gwleidyddol y Dwyrain a'r Gorllewin gan 'bŵer y bobl'.

Joseff Stalin, Harry S Truman a Clement Atlee, mewn llun a dynnwyd yn Potsdam yn 1945. Roedd yr Almaen wedi'i threchu, ac ar ddiwedd y gynhadledd, penderfynwyd ar ddyfodol y wlad.

Rheolfa Charlie (Checkpoint Charlie) yn Berlin oedd un o'r ychydig fannau ar hyd y Wal lle gallai pobl fynd o'r naill ran o'r ddinas i'r llall – ar ôl cael y caniatâd priodol.

Codwyd Wal Berlin rhyw 50 mlynedd cyn hynny yn dilyn yr Ail Ryfel Byd. Ar ôl i luoedd Hitler gael eu trechu, rhannwyd yr Almaen rhwng y Cynghreiriaid buddugol. Unwyd rhannau'r tri phŵer Gorllewinol – sef Prydain, Ffrainc ac UDA – yn un rhanbarth, a'i enwi'n ddiweddarach yn GFfA (Gweriniaeth Ffederal yr Almaen). Ail-enwodd yr Undeb Sofietaidd ei rhanbarth yn GDdA (Gweriniaeth Ddemocrataidd yr Almaen). Ond, roedd prifddinas hanesyddol yr Almaen, Berlin, yn parhau i fod yn broblem. A hithau wedi'i lleoli dros 128 o gilometrau i mewn i'r Dwyrain Sofietaidd, rhannwyd Berlin yn ddwy fel gweddill yr Almaen, gyda Gorllewin yr Almaen yn cael ei rheoli yn ôl trefn gyfalafol, mewn gwrthgyferbyniad llwyr â Dwyrain comiwnyddol y ddinas. Er gwaetha'r cytundeb hwn, daeth Gorllewin Berlin, a oedd yn gyfalafol ac yn llewyrchus, i fod yn ddraenen yn ystlys yr Undeb Sofietaidd. Er bod rhwystrau wedi'u gosod rhwng Dwyrain a Gorllewin Berlin yn 1952, roedd y Dwyrain yn colli miloedd o ddinasyddion bob blwyddyn drwy Orllewin

Cafodd y lluoedd diogelwch gryn drafferth i reoli'r torfeydd ar y noson y daeth y Wal i lawr.

Berlin. Byddai pobl yn croesi drosodd o ochr arall y ddinas, yn ail-gofrestru fel dinasyddion Gorllewin yr Almaen ac yna'n dianc i'r Gorllewin. Gyda'r nos ar Awst 13eg, 1961, codwyd Wal Berlin gan yr awdurdodau comiwnyddol pryderus er mwyn ceisio atal y llif. Ar y dechrau, cylch weiren bigog drwy'r ddinas ydoedd, ond fe'i disodlwyd gan wal goncrit gadarn a gadwodd deuluoedd ar wahân am ddegawdau.

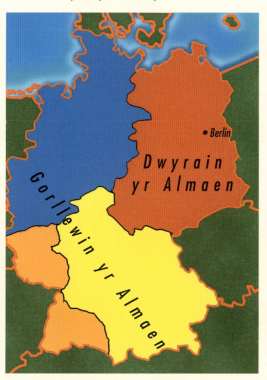

Map yn dangos rhaniad yr Almaen, a lleoliad Berlin yn ddwfn yng nghanol Dwyrain comiwnyddol yr Almaen.

• Berlin

Dwyrain yr Almaen

Gorllewin yr Almaen

Arwydd o newid oedd ethol Mikhail Gorbachev yn arweinydd yr Undeb Sofietaidd yn y 1980au. Arweiniodd hyn yn y pen draw at ddiwedd yr Undeb.

Dros gyfnod o bron i 40 mlynedd, cafodd cannoedd o bobl o Ddwyrain yr Almaen eu saethu'n farw gan filwyr oedd yn gwarchod y ffin wrth geisio dringo dros y Wal anferth, palu oddi tani neu chwalu eu ffordd drwyddi. Roedd anniddigrwydd am y Wal yn cynyddu ar y ddwy ochr wrth i berthynas yr Unol Daleithiau a'r Undeb Sofietaidd wella. Hefyd, etholwyd arweinwyr ifanc a oedd yn barod am newid, megis Mikhail Gorbachev yn yr Undeb Sofietaidd. Oherwydd sefyllfa economaidd drychinebus Dwyrain yr Almaen, gorfodwyd arweinwyr y wlad i wneud consesiynau hawliau dynol yn gyfnewid am gymorth economaidd. Ymysg pethau eraill daeth Eric Honecker, arweinydd Dwyrain yr Almaen â'r polisi 'saethu i ladd' wrth y Wal adeg ymweliadau pwysig â'r wladwriaeth, i ben. Gwnaeth hyn er mwyn osgoi embaras.

Erbyn diwedd y 1980au, dechreuodd Ewrop gomiwnyddol ymrannu. Roedd Hwngari wedi datgysylltu ei ffin ag Awstria, gan gynnig llwybr arall i bobl Dwyrain yr Almaen ddianc i'r Gorllewin. Yna ym mis Mehefin 1989, cafodd pennaeth Gwlad Pwyl, y Cadfridog Jaruzelski, ei orfodi i godi'r gwaharddiad ar undeb y gweithwyr Solidarność (Undod) a chynnal etholiadau rhydd.

Yn etholiad cyntaf Gwlad Pwyl ers dros 30 mlynedd, cafodd Solidarność fuddugoliaeth ysgubol, ac etholwyd Tadeusz Mazowiecki yn bennaeth llywodraeth anghomiwnyddol gyntaf Dwyrain Ewrop. Dechreuodd pobl Dwyrain yr Almaen ddylifo allan o'r wlad drwy lysgenadaethau tramor, a thyfodd y pwysau ar awdurdodau Dwyrain yr Almaen i newid. Ymddangosai'r Wal rywfaint yn llai bygythiol na chynt, ac erbyn 1989, roedd pobl Berlin yn barod i herio ei chyfreithlondeb.

Ar ôl cwymp y Wal, newidiodd tirlun gwleidyddol Ewrop. Daeth diwedd ar lywodraethau comiwnyddol Tsiecoslofacia, Rwmania a Hwngari. Yna am hanner nos ar Hydref y 3ydd, 1990, ail-unwyd yr Almaen. Y flwyddyn wedyn, datgymalodd llywodraeth gomiwnyddol yr Undeb Sofietaidd, gan ddod â diwedd i'r Rhyfel Oer a rhwygiadau'r Dwyrain a'r Gorllewin.

Dros ugain mlynedd yn ddiweddarach, mae'n amlwg fod ailuno wedi dod â phroblemau yn ogystal â manteision i bobl yr Almaen. Mae pobl yn nwyrain y wlad yn dal i fod dipyn tlotach na'r rheiny yn y gorllewin - ond mae'r genedl wedi ennill ei phlwyf yn Ewrop ac yn y byd. Yr Almaen yw un o gefnogwyr selocaf arian yr ewro (€), ac fe chwaraeodd ran amlwg mewn ymgyrchoedd milwrol yn Kosovo ac Affganistan. Mae'r Almaen unedig yn parhau i fod yn obeithiol ynglŷn â'r dyfodol.

Yn y 1990au, agorodd senedd newydd yr Almaen – adeilad trawiadol gyda nenfwd gwydr, a gynlluniwyd i adlewyrchu tryloywder system wleidyddol y genedl.

Dringodd Berlinwyr gorfoleddus ar ben y Wal i ddathlu pan glywsant am y bwriad i'w dymchwel.

Er mwyn dysgu pam y codwyd Wal Berlin, mae'n rhaid mynd yn ôl yn bell i ddechrau'r 20fed ganrif. Yn 1917, yn sgil sefydlu llywodraeth gomiwnyddol gyntaf y byd yn Rwsia, datblygodd tensiwn rhwng y wlad a'r Gorllewin cyfalafol. Daeth y tensiwn hwn i'r amlwg wrth i'r Cynghreiriaid buddugol ddod at ei gilydd i benderfynu sut i ddelio â'r Almaen ar ôl yr Ail Ryfel Byd. Daeth y trafodaethau i ben gyda chytundeb i rannu'r Almaen a'i phrifddinas yn Ddwyrain a Gorllewin. Ond pan ddechreuodd pobl ddylifo allan o Ddwyrain yr Almaen i'r Gorllewin mwy llewyrchus, penderfynodd yr awdurdodau comiwnyddol bod angen gweithredu. Eu hateb oedd codi Wal Berlin.

Yr Almaenwr Karl Marx oedd yn gyfrifol am ddatblygu athroniaeth comiwnyddiaeth ar y cyd â Friedrich Engels.

Cyfalafiaeth

Mae cyfalafiaeth yn rhoi pwyslais ar hawliau'r unigolyn, a gallu pob person i lwyddo yn ôl ei ymdrech a'i allu ei hun. Yn hytrach na chredu bod pawb yn gyfartal, mae cyfalafiaeth yn creu cyfleoedd am wobrau ariannol i unigolion sy'n gallu datblygu syniadau i wneud arian. Mae'r rhan fwyaf o economïau gorllewinol yn seiliedig ar gyfalafiaeth.

Comiwnyddiaeth

Erbyn dechrau'r 20fed ganrif, roedd ideoleg newydd o'r enw comiwnyddiaeth yn ffynnu drwy rannau o Ewrop. Roedd yn seiliedig ar bamffled o 1847 o'r enw'r Maniffesto Comiwnyddol a ysgrifennwyd gan yr Almaenwyr Karl Marx a Friedrich Engels. Yn y pamffled, ymosododd Marx ac Engels ar gyfalafiaeth, drwy ddadlau ei fod yn creu rhwygiadau ymysg pobl. Cyflwynodd y ddau athroniaeth newydd, a fyddai'n creu cymdeithas lle'r oedd pawb yn gyfartal yn eu tyb hwy. Mewn cymdeithas gomiwnyddol, byddai pob eiddo'n cael ei gadw gan y wladwriaeth, a phawb yn derbyn rhan gyfartal o gyfoeth y genedl.

Chwyldro Rwsia

Roedd Comiwnyddiaeth yn apelio'n fawr at bobl mewn gwledydd megis Rwsia, lle'r oedd y cyfoethogion wedi casglu cyfoeth syfrdanol a'r tlodion yn llwgu. Yn 1917, cafodd teulu brenhinol Rwsia ei ddisodli gan grŵp o gomiwnyddion chwyldroadol. Dan arweiniad Vladimir Lenin, lladdwyd y Tsar a'i deulu mewn modd ciaidd, a chyhoeddwyd bod y wlad yn weriniaeth – yr Undeb Sofietaidd. Dyma wladwriaeth gomiwnyddol gyntaf

Ymerodraeth STALIN

Defnyddiodd Stalin derfysgaeth systematig i reoli'r Undeb Sofietaidd yn haearnaidd. Rhwng 1934 ac 1938, trwy ymgyrch anferth a alwyd yn 'Arswyd Coch', cafodd tua thair miliwn o Rwsiaid eu cipio a'u lladd. Cafodd miloedd o Rwsiaid eraill eu cymryd i weithio mewn gwersylloedd llafur, a alwyd yn 'gulags'.

RHWYSTREDIGAETH *yr Almaen*

Un o brif achosion y Rhyfel Byd Cyntaf a dyrchafiad Hitler oedd dyhead yr Almaen i ehangu ei thiriogaeth. Roedd yr Almaen yn eiddigeddus o'r arian a enillodd Prydain drwy ei hymerodraeth, felly cychwynnodd ar raglen uchelgeisiol i adeiladu llynges. Er i'r Rhyfel Byd Cyntaf drechu ymdrechion yr Almaen i gipio tiriogaeth Ewrop, roedd chwant yr Almaen am dir yn parhau'n gryf, ac fe ddaeth i'r amlwg eto gyda dychweliad Hitler i rym yn y 1930au. Y tro hwn, roedd Hitler yn awyddus i uno siaradwyr Almaeneg y byd o dan un 'famwlad'. Ond yn y pen draw, aeth uchelgais Hitler ymhell y tu hwnt i'r nod hwn, a dechreuodd ei luoedd ymosod ar wledydd nad oedd erioed wedi meddu ar unrhyw gysylltiad â'r Almaen.

Mae dinasoedd mawrion fel Efrog Newydd (ar y dde) a Llundain wedi ffynnu diolch i athroniaeth cyfalafiaeth.

y byd. Pan ddisodlwyd Lenin gan gymeriad mwy ymosodol, sef Joseff Stalin, yn 1928, dechreuwyd lledaenu neges comiwnyddiaeth ymhell y tu hwnt i ffiniau'r Undeb Sofietaidd.

Yr Almaen a Hitler

Ar ôl i'r Almaen golli'r Rhyfel Byd Cyntaf (1914-1918), gosododd y Cynghreiriaid gosb eithriadol o lem ar y wlad. Cipiwyd y rhan fwyaf o gyfoeth yr Almaen, ac fe'i gorchmynnwyd i dalu iawndal i'r gwledydd a niweidiwyd ganddi yn ystod y gwrthdaro. Achosodd hyn dlodi enbyd yn yr Almaen a dicter mawr ymysg ei phobl a oedd yn teimlo'u bod yn cael eu cosbi'n rhy drwm oherwydd camgymeriadau eu harweinwyr. I wneud pethau'n waeth, arweiniodd polisïau economaidd trychinebus at chwyddiant anferth yn ystod y 1920au a dechrau'r 1930au. Nid oedd cyflog wythnos yn ddigon bron i dalu am gostau byw sylfaenol. Mewn ymateb i'r anobaith hwn, daeth yr unben Almaenig

Adolf Hitler i rym, gan addo codi'r Almaen yn ôl i'w gorffennol disglair. Cafodd Hitler wared ar bob plaid wleidyddol arall, cyn ehangu ei bŵer ei hun. Cyflwynodd gyfres o gyfreithiau hiliol yn erbyn yr Iddewon, a feiwyd ganddo am y rhan fwyaf o broblemau'r Almaen. Er hyn, cafodd gefnogaeth y rhan fwyaf o Almaenwyr, a gafodd eu hudo gan ei areithiau grymus. Roedd Hitler yn dyheu am ehangu tiriogaeth yr Almaen, ac o ganlyniad, aeth ati i oresgyn Tsiecoslofacia yn 1938-1939, ac yna Gwlad Pwyl yn 1939. Y goresgyniad olaf a ysgogodd Prydain a Ffrainc i gyhoeddi rhyfel yn erbyn yr Almaen ym mis Medi 1939. Roedd yr Ail Ryfel Byd wedi dechrau.

Daeth Adolf Hitler i rym yn yr Almaen gydag addewidion beiddgar i wella ffortiwn y wlad ac i gynyddu ei dylanwad drwy ehangu ei thiriogaeth.

Technegau **PROPAGANDA**

Propaganda yw lledu syniadau i hyrwyddo neu i ymosod ar achos. Roedd Stalin yn defnyddio propaganda fel arf i ennill cefnogaeth y bobl. Roedd yn defnyddio'r cyfryngau i argyhoeddi pobl Rwsia a phobl Dwyrain yr Almaen ynglŷn â pheryglon cyfalafiaeth, ac i'w darbwyllo fod yr Undeb Sofietaidd yn genedl gref ac iach a allai orchfygu'r gelyn hwnnw. Roedd posteri, lluniau a llenyddiaeth yn darlunio'r Undeb Sofietaidd fel lle a oedd yn llawn pobl heini a hapus, gan guddio'r ffaith fod miliynau o bobl a oedd yn gwrthwynebu Stalin wedi cael eu dedfrydu i farwolaeth yn ystod ei deyrnasiad.

Y Cytundeb Natsïaidd-Sofietaidd

Yn 1939, cafodd y Cytundeb Natsïaidd-Sofietaidd ei arwyddo gan yr Undeb Sofietaidd a'r Almaen. Roedd y ddwy wlad yn addo aros yn niwtral pe bai'r naill neu'r llall yn cymryd rhan mewn gwrthdaro milwrol. Ond, ddwy flynedd yn ddiweddarach, dirywiodd eu perthynas nes iddyn nhw fynd i ryfel â'i gilydd. Yn 1941, ymosododd yr Almaen ar yr Undeb Sofietaidd gan achosi niwed difrifol. Roedd perthynas y Sofietiaid a'r Gorllewin hefyd wedi chwerwi, gan fod Stalin yn credu bod y Cynghreiriaid wedi symud y Natsïaid allan o Orllewin Ewrop ac i mewn i'r Undeb Sofietaidd yn fwriadol. Yn y diwedd, gwthiwyd lluoedd Hitler yn ôl gan Fyddin Goch Stalin, ac ymosodwyd ar yr Almaen o bob cyfeiriad gan luoedd o UDA, Prydain a'r Undeb Sofietaidd. Gorfodwyd byddin Hitler i gilio i Berlin ac ildio.

Trywydd gwahanol

Pan ddaeth yr Ail Ryfel Byd i ben, roedd yn rhaid i'r Cynghreiriaid buddugol benderfynu beth i'w wneud gydag Ewrop. Ym mis Chwefror 1945, cynhaliwyd cynhadledd yn Yalta. O ganlyniad, ailsefydlwyd y gwledydd a ddinistriwyd gan Hitler, a rhannwyd yr Almaen yn bedair rhan – un yr un i Brydain, Ffrainc, UDA a'r Undeb Sofietaidd. Ym mis Gorffennaf, o dan Gytundeb Potsdam, gorfodwyd yr Almaen i dalu iawndal am yr erchyllterau a gyflawnwyd gan y Natsïaid. Ond roedd un mater ar ôl i'w ddatrys – beth i'w wneud â Berlin.

Berlin – gwerddon

A hithau wedi'i lleoli yn y Dwyrain Sofietaidd, roedd prifddinas yr Almaen yn dipyn o gur pen i Brydain, Ffrainc a'r Unol Daleithiau. Nid oedden nhw am ildio'u hawliau ar Berlin, ond eto doedden nhw ddim am ddigio Stalin. Roedd llawer mwy o filwyr yn ei Fyddin Goch nag oedd yn lluoedd y Cynghreiriaid yn Berlin. Gorymdeithiodd dros filiwn o luoedd Sofietaidd i'r ddinas yn 1945 – byddin aruthrol o'i chymharu â 50,000 o filwyr y Cynghreiriaid. I ddatrys y broblem, rhannwyd Berlin yn bedair rhan. Yn 1948, unodd Prydain, Ffrainc ac UDA eu rhannau gyda'i gilydd i greu un rhanbarth a alwyd yn Orllewin Berlin.

> 'Mae marwolaeth unigolyn yn drasiedi. Mae marwolaeth miliwn yn ystadegyn.'
>
> **Stalin yn cyfiawnhau polisïau llym ei lywodraeth.**

Ar Hydref y 6ed, 1949, newidiodd y sector Sofietaidd i fod yn Weriniaeth Ddemocrataidd yr Almaen, ac unodd y tri phŵer gorllewinol eu tiriogaethau i greu Gweriniaeth Ffederal yr Almaen. Ond er i bob ochr gytuno ar y rhaniad hwn, roedd un mater i'w ddatrys o hyd - Berlin.

• Berlin

Dwyrain yr Almaen

Gorllewin yr Almaen

Rhan Ffrainc

Rhan UDA

Rhan Prydain

Rhan yr Undeb Sofietaidd

Cynlluniau Stalin

Tra oedd pwerau'r Gorllewin wrthi'n gwneud cynlluniau ar ochr arall y ddinas, dechreuodd Stalin ailadeiladu rhanbarth Sofietaidd Berlin i fod yn weriniaeth sosialaidd gan reoli pob gweithgarwch economaidd a defnyddio'r cyfryngau fel arf propaganda. Roedd papurau dyddiol yn cael eu rheoli'n llym gan y wladwriaeth ac roedden nhw'n rheoli'r hyn y dylai pobl Dwyrain Berlin ei feddwl. Roedd hyn yn gyferbyniad llwyr â'r llif rhydd o wybodaeth a oedd yn dod o orllewin y ddinas, ble roedd bron i 20 o bapurau dyddiol yn cynnig pob math o farnau gwleidyddol.

Y Llen Haearn

Roedd yr Undeb Sofietaidd wedi dioddef mwy na neb yn ystod y rhyfel, gan golli 20 miliwn o filwyr a dinasyddion. Oherwydd hyn, roedd y Gorllewin yn cydymdeimlo'n fawr â'r Undeb Sofietaidd. Manteisiodd Stalin ar y teimladau hyn i ennill cefnogaeth y Gorllewin i'w syniad y dylai Dwyrain Ewrop gael ei gydnabod yn rhan o'r cylch dylanwad Sofietaidd.

Gwledydd y Llen Haearn

Ar ddiwedd yr Ail Ryfel Byd, ymestynnodd yr Undeb Sofietaidd ei ddylanwad yn Nwyrain Ewrop. Mae'r map uchod yn dangos y 'Llen Haearn' – y gwledydd o dan ddylanwad Sofietaidd. Mae Iwgoslafia wedi'i gosod gyda gweddill gwledydd y Llen Haearn er nad oedd o dan reolaeth Sofietaidd nac yn aelod o Gytundeb Warsaw, oherwydd ei bod wedi'i rheoli gan gomiwnyddion a oedd yn cydymdeimlo â syniadau'r Undeb Sofietaidd.

Ar ôl eu buddugoliaeth, ymgasglodd y Cynghreiriaid yn Yalta yn yr Wcráin i drafod dyfodol Ewrop. Gwnaethant gytundeb i adfer gwledydd fel Gwlad Pwyl a Tsiecoslofacia, ac i rannu'r Almaen rhwng Prydain, Ffrainc, UDA a'r Undeb Sofietaidd.

NATO *a Chytundeb Warsaw*

Wrth i berthynas y Dwyrain a'r Gorllewin waethygu, yn 1949 trefnwyd gwarant gan UDA, Canada a deg o wledydd Gorllewin Ewrop i amddiffyn a chynorthwyo ei gilydd, sef y *North American Treaty Organization* (NATO). Mewn ymateb i hynny, ar Fai'r 1af, 1955, cyhoeddodd yr Undeb Sofietaidd eu bod wedi sefydlu Cytundeb Warsaw, sef cytundeb a oedd yn uno unbenaethau comiwnyddol y Dwyrain yn un grym gwleidyddol a milwrol.

Tynnwyd y llun (isod) yng nghynhadledd Potsdam. Yn eistedd (o'r dde i'r chwith) mae: y Prif Weinidog Clement Attlee o Brydain Fawr; yr Arlywydd Harry S Truman; a'r Prif Weinidog Sofietaidd, Joseff Stalin. Yn sefyll yn y cefn (chwith i'r dde) mae: Y Llyngesydd William Leahy, Pennaeth Staff yr Arlywydd Truman; Yr Anrhydeddus Ernest Bevin, Gweinidog Tramor Prydain; Yr Ysgrifennydd Gwladol James F Byrnes, UDA; a Gweinidog Tramor Rwsia, Vyacheslav Molotov.

Trechu HWNGARI

Yn 1956, cyhoeddodd Nagy, Prif Weinidog Hwngari, ei fod yn bwriadu tynnu'r wlad allan o Gytundeb Warsaw. Ond, roedd yr arweinydd Sofietaidd newydd, Krushchev, yn benderfynol o rwystro hyn felly gwnaeth esiampl o Hwngari. Gorchmynnodd 200,000 o luoedd i chwalu'r gwrthryfel. Wedyn, aethpwyd â Nagy i Moscow, a'i grogi fel bradwr.

Er mwyn rhwystro unrhyw fygythiad yn y dyfodol gan yr Almaen, sicrhaodd Stalin fod Gwlad Pwyl, Hwngari, Rwmania a Tsiecoslofacia – a ryddhawyd gan y Fyddin Goch oddi wrth y Natsïaid – yn troi'n gomiwnyddol. Galwyd yr ardal newydd hon yn 'Floc Sofietaidd' a'r 'Llen Haearn', gan ei bod yn cau Gorllewin Ewrop allan o'r Dwyrain Comiwnyddol.

Truman a Marshall

Er bod yr Unol Daleithiau'n barod i dderbyn dylanwad yr Undeb Sofietaidd yn Nwyrain Ewrop, roedd ei harweinwyr yn benderfynol na ddylai ymestyn pŵer ymhellach. Felly, yn 1947, cyhoeddodd yr Unol Daleithiau gynllun o'r enw Athrawiaeth Truman i gynorthwyo gwledydd a oedd yn brwydro am ryddid oddi wrth eu gormeswyr. Ymrwymodd yr Arlywydd Truman gymorth America i unrhyw wlad a oedd yn teimlo fod gwlad arall yn ymyrryd â'i rhyddid. Dilynodd yr Unol Daleithiau Athrawiaeth Truman yn 1948 gyda Chynllun Marshall, sef cynllun economaidd uchelgeisiol. Drwy gyfrannu symiau anferth o arian i helpu gwledydd tlawd wedi'r rhyfel, bwriad Cynllun Marshall oedd atal rhagor o wledydd rhag dod o dan reolaeth yr Undeb Sofietaidd. Cafodd lwyddiant bron yn syth, pan benderfynodd yr Eidal beidio â throi'n gomiwnyddol, diolch i arian America.

Y Dwyrain Llwm

Ar ôl eu rhannu, trodd Gorllewin Ewrop a Gorllewin Berlin eu golygon yn llwyr at y byd Gorllewinol, gan ymuno â Chyngor Ewrop, Cymuned Dur a Glo Ewrop, NATO a'r Undeb Ewropeaidd. I'r gwrthwyneb, roedd Dwyrain yr Almaen a Dwyrain Berlin, o dan reolaeth Sofietaidd, yn fwyfwy ynysig. Dirywiodd safonau byw ac roedd yn rhaid i bobl giwio i brynu nwyddau sylfaenol.

Gwarchae Berlin

Wrth i Orllewin yr Almaen ddechrau ffynnu, dechreuodd nifer cynyddol o bobl Dwyrain yr Almaen symud i'r Gorllewin llewyrchus er mwyn dianc o'r Dwyrain Sofietaidd. Aeth y sefyllfa o ddrwg i waeth pan gyflwynwyd y deutschmark i Orllewin Berlin yn 1948 gan Brydain, America a Ffrainc, gan wneud eu hochr o'r ddinas yn lle mwy deniadol fyth i fyw. Digiwyd Stalin gan hyn, ac ar Fawrth

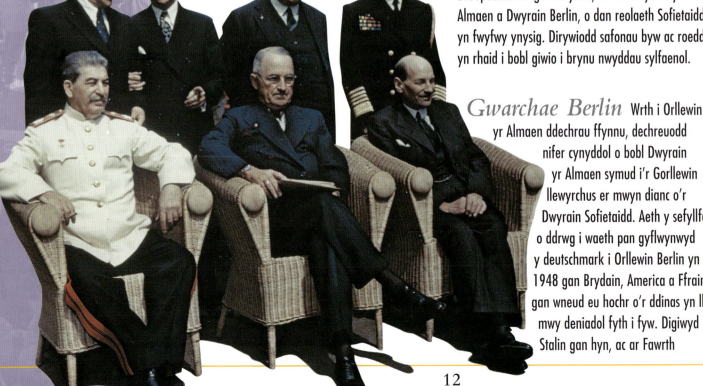

yr 20fed, 1948, cyhoeddodd Rwsia nad oedd bellach yn cydnabod Cyngor Rheoli Cynghreiriol Berlin. Roedd Stalin am weld holl dir Berlin o dan reolaeth Sofietaidd. Penderfynodd atal lluoedd y Gorllewin rhag cyrraedd y brifddinas drwy osod rhwystrau ar y priffyrdd a'r rheilffyrdd a oedd yn arwain drwy dir Sofietaidd i mewn i Berlin. Dechreuodd Gwarchae Berlin yng nghanol 1948, pan amgylchynodd lluoedd Rwsia'r ddinas er mwyn ceisio llwgu Gorllewin Berlin a'i gorfodi i ildio.

Awyrgludiad Berlin

Mewn ymateb i'r Gwarchae, dechreuodd y Cynghreiriaid gynllun achub beiddgar o'r enw Awyrgludiad Berlin. Ar Fehefin 21, 1948, dechreuodd awyrennau UDA a Phrydain hedfan bwyd a thanwydd i Orllewin Berlin, ddydd a nos, er mwyn cadw'r ddinas yn fyw. Pan welodd y Sofietiaid nad oedd y Cynghreiriaid yn bwriadu gadael i Berlin ildio, dyma nhw'n cynnig bwyd a nwyddau i ddinasyddion Gorllewin Berlin er mwyn ceisio'u llwgrwobrwyo i symud i ddwyrain y ddinas. Ond methiant oedd hyn, ac ym mis Mai 1949, bu'n rhaid i Rwsia gyfaddef ei bod wedi'i threchu.

GFfA a GDdA

Yn 1949, unodd Prydain, Ffrainc a'r Unol Daleithiau eu rhanbarthau er mwyn creu gwlad newydd o'r enw Gweriniaeth Ffederal yr Almaen (Gorllewin yr Almaen). Mewn ymateb, cyhoeddodd yr Undeb Sofietaidd ei bod wedi ffurfio Gweriniaeth Ddemocrataidd yr Almaen (Dwyrain yr Almaen). Gwrthododd canghellor cyntaf y Weriniaeth Ffederal, Konrad Adenauer, gydnabod bodolaeth Dwyrain yr Almaen yn swyddogol, felly dirywiodd y berthynas rhwng y Dwyrain a'r Gorllewin.

Ymfudiad Ymennydd

Yn 1949, roedd cyfanswm o 2,000 o bobl yr wythnos yn dianc i Orllewin Berlin o Ddwyrain Berlin, ond ar ôl marwolaeth Stalin yn 1953, fe gododd i gyfanswm aruthrol o 6,000.

> 'Rwy'n credu y dylai'r Unol Daleithiau fod â pholisi i gefnogi pobloedd rydd sy'n ceisio gwrthsefyll ymgais i'w darostwng gan leiafrifoedd arfog neu gan bwysau o'r tu allan.'
>
> Yr Arlywydd Truman yn datgan ei fwriad yng Nghynllun Truman.

Yn ystod Awyrgludiad Berlin, gollyngwyd cyfanswm syfrdanol o 1.2 miliwn o dunelli o nwyddau. Roedd y cargo a oedd yn angenrheidiol i gynnal Berlin yn cynnwys glo, bwyd, cyflenwadau meddygol, stêm-roleri, peiriannau gorsafoedd pŵer, sebon a phapurau newydd.

ARWYR yr awyrgludiad

Roedd ymgyrchoedd awyrgludo'n eithriadol o beryglus. Roedd awyrennau'n glanio ac yn codi bob 90 eiliad, a dim ond awr a 40 munud a oedd gan beilotiaid i lenwi'u hawyrennau â thanwydd, eu harchwilio a'u paratoi i godi eto. Roedd profiadau'r peilot Bill Voigt yn nodweddiadol o lawer o beilotiaid. Hedfanodd i Berlin 116 o weithiau rhwng mis Gorffennaf a mis Tachwedd. 'Byddech chi'n dod i mewn ar ongl eithaf serth. Does dim llawer o le pan fydd awyren dan ei sang' meddai Voigt.

Roedd peilot arall, Ken Herman, yn cofio 'pan fyddai'r tywydd yn dda, gallech chi weld cymaint â chwe awyren o'ch blaen.' Roedd cywirdeb yn hanfodol, oherwydd pe bai peilot yn methu cyrraedd ei fan glanio, byddai'n rhaid iddo droi'n ôl a chludo ei gargo yn ôl i'r man cychwyn.

Anodd credu mai dim ond 31 o farwolaethau a gafwyd mewn ychydig o dan 200,000 o ehediadau yn ystod y Gwarchae.

Y PEDAIR *wal*

Roedd 'Wal Berlin' mewn gwirionedd yn bedair wal a adeiladwyd ar hyd y ffin rhwng 1961 ac 1989. Codwyd y gyntaf yn frysiog ar Awst y 15fed, 1961, ac fe'i gwnaed o gymysgedd o goncrit a blociau sgwâr. Ym mis Mehefin 1962, codwyd wal gryfach i atal pobl rhag torri trwodd i'r Gorllewin. Roedd y drydedd wal, a gychwynnwyd yn 1965, yn llawer cryfach ac wedi'i gwneud o slabiau concrit wedi'u dal rhwng trawstiau dur. Gwnaethpwyd y wal derfynol o fath newydd o goncrit anhreiddiadwy.

Dechreuwyd gwaith ar Wal Berlin gyda'r nos. Ymhen dyddiau, cafodd y ffens weiren bigog wreiddiol ei dynnu i lawr, a chodwyd rhwystr o frics cadarn yn ei lle (isod).

Er bod y ffin wedi'i chau ers 1952, gallai pobl Dwyrain yr Almaen barhau i ddianc o'r wlad drwy deithio i'r ganolfan ffoaduriaid yn Marienfelde, Gorllewin Berlin. Yno, roedd ganddynt ddewis: naill ai aros yng Ngorllewin Berlin neu ddal awyren i ran arall o Orllewin yr Almaen. I arweinydd Dwyrain Berlin, Walter Ulbricht, roedd yn frawychus gweld y wlad yn colli cymaint â thref fechan o bobl bob blwyddyn drwy Orllewin Berlin. Pwysodd ar arweinydd newydd yr Undeb Sofietaidd, Nikita Krushchev, i gymryd camau pendant ynglŷn â'r mater.

Tensiwn yn Fienna

Ym mis Mehefin 1961, cwrddodd Krushchev ag Arlywydd America, John F Kennedy, yn Fienna. Bygythiodd Krushchev pe na bai'r Cynghreiriaid yn cytuno i delerau penodol, byddai'n gorfodi eu lluoedd allan o'r brifddinas ac yn rheoli'r wlad. Roedd Kennedy'n gandryll a mynnodd y byddai unrhyw weithredoedd yn erbyn Gorllewin Berlin yn 'arwain at ryfel'. Hedfanodd i Berlin i ddangos ei gefnogaeth i bobl y ddinas, lle cyhoeddodd 'Ich bin ein Berliner' (Berlinwr ydw i). Yn allweddol, fodd bynnag, ni soniodd am hawl yr Undeb Sofietaidd i gryfhau ei ffiniau y tu mewn i Ddwyrain Berlin.

Paratoi'r cynllun

Ar ôl methu â dod i gytundeb ar sefyllfa'r ffoaduriaid yn Fienna, cynhaliwyd cyfarfod cyfrinachol rhwng Ulbricht a'r Cremlin. Mewn memo cyfrinachol wrth ddarpar arweinydd Dwyrain yr Almaen, Erich Honecker, trefnwyd i godi rhwystr cadarn rhwng Dwyrain a Gorllewin Berlin. Erbyn gyda'r nos ar Awst 12, 1961, aeth sôn ar led am gynllun i rannu'r ddinas. Aeth trenau i mewn i'r Dwyrain heb ddod yn ôl, ac yn raddol daeth system S-Bahn Berlin i stop. Dechreuodd gyrwyr tacsi Gorllewin Berlin wrthod mynd â phobl i ddwyrain y wlad, a'r noson honno, cafodd ymwelwyr eu hatal rhag defnyddio Gât Brandenburg.

Adeiladu'r Wal

Yn gynnar ar fore Awst y 15fed, 1961, dechreuodd GDdA gau dwyrain y ddinas i ffwrdd o'r Gorllewin. I ddechrau, nodwyd y ffin â dim ond weiren bigog, ond yn fuan wedi hynny, pwyntiwyd drylliau at bobl Dwyrain Berlin, a'u gorfodi i helpu milwyr i godi rhwystr concrit 154 cilometr o hyd. Gwnaethpwyd y rhan fwyaf o'r gwaith gyda'r nos i osgoi tynnu sylw. Cafodd y bobl a oedd yn byw mewn tai ar hyd y ffin eu gorfodi i adael, gan fygwth cau eu tai â brics, a hwythau'n dal y tu mewn iddynt. Ar Awst y 23ain, 1961, cyhoeddwyd na fyddai gan bobl Gorllewin Berlin hawl i fynd i mewn i Ddwyrain Berlin o hynny ymlaen. Disgrifiodd y Sofietiaid y wal fel 'wal amddiffyn wrth-ffasgaidd'.

Rhannu'r ddinas

Roedd gwahanfur Berlin yn ymdroelli drwy o leiaf 60 prif ffordd – dros fynwentydd, ar draws rheilffyrdd, a hyd yn oed drwy ganol un tŷ. Cafodd ffatrïoedd, fflatiau ac unrhyw beth arall yn llwybr y Wal eu bwrw i lawr. Cafodd hyd yn oed system drenau enwog yr S-Bahn ei rhannu. Adeiladwyd dros 300 o dyrau gwylio i warchod llain o dir a osodwyd yn ffin rhwng y Wal a gweddill Dwyrain yr Almaen.

Rheolfa Charlie

Naw diwrnod ar ôl codi'r Wal, ceisiodd Dwyrain yr Almaen atal Prydain, UDA a Ffrainc rhag cael mynediad i Ddwyrain Berlin. Ar Fedi'r 22ain, 1961, sefydlodd UDA reolfa dros dro ger Friedrichstrasse a'i alw'n Rheolfa Charlie (Checkpoint Charlie) ar ôl y ddwy reolfa ar y draffordd yn arwain i Berlin – Alpha (Helmstedt) a Bravo (Dreilinden). Tan 1990, dyma'r unig groesfan i dramorwyr rhwng Dwyrain a Gorllewin Berlin.

Gallai Rheolfa Charlie fod yn llawn tensiwn wrth i'r Dwyrain ddod i gyswllt uniongyrchol â'r Gorllewin. Roedd llinell wen a baentiwyd ar draws y ffordd yn dynodi'n union ble'r oedd dylanwad UDA a'i Chynghreiriau yn dod i ben.

Roedd Wal Berlin yn ymestyn am bron i 160 o gilometrau o gwmpas y ddinas. Roedd 106 cilometr o'r rhwystr concrit yn sylfrdanol o uchel, gan fesur pedwar metr o uchder. Roedd Wal Berlin yn cael ei hamddiffyn gan dros 300 o dyrau gwylio ac 20 o fynceri.

1. Bornholmer Strasse
2. Chauseestrasse
3. Invaliden Strasse
4. Rheolfa Charlie (Checkpoint Charlie)
5. Heinrich-Heine-Strasse
6. Oberbaumbrücke
7. Sonnenallee

Cymerodd nifer o flynyddoedd i bobl Berlin ddechrau cymgynefino â'r Wal, ac ni ddaeth rhai i arfer â'r rhaniad o gwbl. Yn drist iawn, mae'r Wal yn enwog am y niferoedd a gollodd eu bywydau'n ceisio dringo drosti, palu oddi tani neu wrth geisio canfod ffyrdd eraill o dorri trwyddi. Ond, erbyn diwedd y 1960au, roedd agweddau gwleidyddol y byd yn newid, a dyfodol y Wal yn edrych yn llai sicr.

Swyddogion o Ddwyrain yr Almaen yn cludo corff marw Peter Fechter i ffwrdd.

Awst 1961

Ym mis Awst, 1961, wrth i wal frics ddisodli'r ffin weiren bigog, cloddiodd pobl o dan eu tai ar y ffin er mwyn ceisio dianc, gan wasgu drwy dwneli i hafan y Gorllewin. Roedd dyn o Ddwyrain yr Almaen, Rudolf Urban, yn ceisio croesi'r ffin drwy dŷ yn Bernauer Strasse pan ddechreuodd gweithwyr gau ei ddrysau a'i ffenestri â brics. Llwyddodd ffrind Rudolf i ddianc mewn pryd, ond cwympodd Rudolf allan o ffenestr a thorri ei bigwrn. Cafodd ei gludo i ysbyty yn Nwyrain yr Almaen i gael ei archwilio, ond, yn rhyfedd iawn, adroddwyd yn ddiweddarach ei fod wedi marw. Erbyn diwedd mis Awst, roedd agwedd awdurdodau Dwyrain yr Almaen tuag at bobl oedd yn ceisio dianc wedi caledu, a defnyddiwyd polisi 'saethu i ladd' ar y ffin. Ar Hydref y 4ydd, 1961, neidiodd myfyriwr o'r enw Bernard Lanser oddi ar do tŷ yn Bernauer Strasse, ond glaniodd yn lletchwith. Cafodd ei saethu gan warchodwyr y ffin, a chafodd dyn a geisiodd ei helpu ei guro i farwolaeth. Yn y pen draw, cafodd trigolion strydoedd fel Bernauer Strasse eu gorchymyn i chwilio am rywle arall i fyw, oherwydd bod agosrwydd eu tai at y Wal yn golygu eu bod yn fan poblogaidd i ddianc. Roedd rhaid i bobl feddwl am ffyrdd mwy cyfrwys eto i groesi'r ffin. Benthycodd un dyn 33 oed o Ddwyrain yr Almaen wisg milwr Americanaidd o siop wisg ffansi yn Nwyrain Berlin, gan gerdded drwy Reolfa Charlie

PETER *Fechter*

Dioddefwr enwocaf Wal Berlin oedd llanc 18 oed o'r enw Peter Fechter. Lluniodd gynllwyn gyda ffrind i ddringo dros y Wal o adeilad yn Zimmerstrasse. Llwyddodd ei ffrind i ddringo drosti ond cafodd Peter ei saethu, a chwympodd yn ôl i'r ochr ddwyreiniol, 50 metr yn unig (167 troedfedd) oddi wrth ryddid. Cafodd ei adael yn gwaedu i farwolaeth am bron i awr, cyn i'r awdurdodau ei gludo i ffwrdd.

heb i neb sylwi arno. Defnyddiodd un arall gar pwerus â'r ffenestr flaen wedi'i thynnu i rasio o dan y rhwystrau. Trodd eraill at ddulliau mwy syml. Hyrddiodd un grŵp o bobl o Ddwyrain yr Almaen drwy'r rheolfa mewn cerbyd wedi'i gryfhau â dur a choncrit, heibio i'r gwarchodwyr syn.

Hydref 1962

Taniodd y Rhyfel Oer ym mis Hydref 1962, pan hedfanodd awyren ysbïo Americanaidd dros Giwba a thynnu lluniau llawer o safleoedd milwrol posibl. Profodd y ffotograffau fod y Sofietiaid yn

FIETNAM

Roedd Rhyfel Fietnam yn frwydr rhwng Gweriniaeth Fietnam yn y de (a oedd yn cael ei chefnogi gan UDA) a Gweriniaeth Gomiwnyddol Ddemocrataidd Fietnam yn y gogledd. Parhaodd y rhyfel o ganol y 1950au tan 1973 pan adawodd lluoedd America, a oedd wedi disgwyl buddugoliaeth rwydd. Yna, ildiodd De Fietnam yn 1975. Roedd Rhyfel Fietnam yn bwysig mewn perthynas â'r Rhyfel Oer gan wneud i'r Unol Daleithiau sylweddoli na allai atal comiwnyddiaeth rhag lledaenu. Trafod a chael cytundeb â'r Dwyrain oedd y ffordd orau ymlaen, yn hytrach na bygythiadau milwrol.

adeiladu safleoedd milwrol yng Nghiwba a fyddai'n gallu tanio taflegrau niwclear at UDA. Roedd Fidel Castro, arlywydd comiwnyddol Ciwba, yn gyfaill i'r Undeb Sofietaidd, ac roedd yr Arlywydd Kennedy'n bryderus ynglŷn â'r hyn a allai ddigwydd. Roedd Kennedy wedi bod yn aflwyddiannus wrth geisio cipio awdurdod Castro yn 1961, felly gwyddai fod Castro'n casáu UDA. Danfonodd Kennedy ei lynges i amgylchynu Ciwba a gorfodi Krushchev i symud ei daflegrau. Yn gyfnewid am hynny, addawodd UDA i beidio â cheisio gorchfygu Ciwba. Hefyd, sefydlodd Kennedy a Krushchev gysylltiad teleffon arbennig rhwng y ddwy wlad i atal rhyfel rhag cychwyn trwy gamgymeriad. Datblygodd perthynas y ddwy wlad ymhellach eto ym mis Awst, 1963, pan arwyddwyd cytundeb i beidio â phrofi rhagor o arfau niwclear.

Ionawr 1968

Ym mis Ionawr 1968, cafodd Alexander Dubcek ei ethol yn arweinydd newydd Tsiecoslofacia. Yn ystod yr hyn a alwyd yn ddiweddarach yn Wanwyn Prâg, cyhoeddodd Dubcek gyfres o fesurau gan gynnwys diddymu sensoriaeth a rhoi'r hawl i bobl y wlad i feirniadu eu llywodraeth.

Pan ddaeth Fidel Castro a'i gefnogwyr i rym yn gyflym ar Ionawr y 1af, 1959, ef oedd yr arweinydd ifancaf yn y byd, ac yntau'n ddim ond 32 mlwydd oed. Cymaint yw'r edmygedd o Castro yng Nghiwba fel nad yw ei enw llawn yn cael ei ddefnyddio'n gyhoeddus yn aml – mae'r rhan fwyaf o bobl yn ei alw'n Fidel, neu'n cyffwrdd â'u genau i ddynodi ei farf.

> 'Mae'r Unol Daleithiau'n ceisio llorio'r Undeb Sofietaidd yn economaidd trwy ennill ras i gael yr arfau gofod mwyaf blaengar a drudfawr.'
>
> *Mikhail Gorbachev*

Dros y pedwar mis nesaf, gweithiodd Dubcek yn galed i ddarbwyllo'r Undeb Sofietaidd y byddai Tsiecoslofacia'n aros yn y Bloc Sofietaidd ac na fyddai'n dychwelyd at gyfalafiaeth. Ond, roedd yr Undeb Sofietaidd wedi cael braw ac ar Awst yr 20fed, goresgynnodd lluoedd Sofietaidd y wlad. Yn wahanol i ymosodiad yr Undeb Sofietaidd ar Hwngari 12 mlynedd ynghynt, ni ddefnyddiwyd trais gan Tsiecoslofacia i wrthsefyll y goresgyniad. Yn hytrach, wynebodd lluoedd Rwsia dorfeydd nad oedd yn dangos unrhyw barch at eu meistri comiwnyddol.

1971 Ostpolitik: dyma bolisi Willy Brandt, Canghellor Gorllewin yr Almaen, i wella'r berthynas rhwng y Dwyrain a'r Gorllewin. Yn 1971, arweiniodd y polisi at y Cytundeb Sylfaenol. Ynddo, roedd Gweriniaeth Ffederal yr Almaen a Gweriniaeth Ddemocrataidd yr Almaen yn cytuno i ddatblygu perthynas ac i gydnabod ffiniau ei gilydd. O dan Ostpolitik, cyfnewidiodd Gweriniaeth Ffederal yr Almaen lysgenhadon gyda'r Undeb Sofietaidd, Gwlad Pwyl, Tsiecoslofacia, Hwngari a Bwlgaria.

1972 Gwellodd perthynas UDA a'r Undeb Sofietaidd yn 1972. Cynhaliwyd cynhadledd o'r enw SALT (Strategic Arms Limitation Talks) i drafod cyfyngu nifer y taflegrau niwclear a oedd yn cael eu cynhyrchu gan y ddau archbwer. Wedi hynny, cafwyd Cytundeb Helsinki a oedd yn cynnwys deddfwriaeth bwysig ar gyfer hawliau dynol. Trefnwyd cyfarfod SALT arall ar gyfer 1979. Ond, ar Ddydd Nadolig, 1979, ymosododd yr Undeb Sofietaidd ar Affganistan. Mewn protest, gohiriodd yr Unol Daleithiau'r trafodaethau a gwrthod mynychu Gemau Olympaidd Moscow yn 1980.

1978 Yn 1978, bu'n rhaid i lywodraeth Dwyrain yr Almaen gydnabod fod arni angen help y Gorllewin i fynd i'r afael â thlodi'r wlad, er iddi fynnu cyn hynny y byddai'n aros ar wahân yn llwyr i'r Gorllewin. Cytunodd Erich Honecker, arweinydd Dwyrain yr Almaen, i roi diwygiadau hawliau dynol ar waith yn gyfnewid am gymorth

Erbyn y 1970au, roedd America a'r Undeb Sofietaidd wedi casglu cannoedd ar gannoedd o arfau niwclear rhyngddynt. Byddai dyrnaid ohonynt yn unig wedi bod yn ddigon i ddifodi'r hil ddynol yn gyfan gwbl.

Troi'r Undeb Sofietaidd yn FETHDALWR

Yn 1983, cyhoeddwyd cynlluniau gan yr Arlywydd Reagan am raglen amddiffyn niwclear o'r enw'r SDI, a fyddai'n ffrwydro taflegrau gelynion yn y gofod cyn iddynt gyrraedd eu nod. Ni roddwyd y cynllun ar waith, ond sylweddolodd yr Undeb Sofietaidd y byddai'r Unol Daleithiau bob amser ar y blaen gyda'i chynlluniau amddiffyn. Yna yn 1988, gwthiwyd lluoedd Sofietaidd allan o Affganistan gan lu gwrthryfelgar o'r enw'r mujahedin, a oedd yn derbyn cymorth UDA. Roedd statws yr Undeb Sofietaidd fel archbwer yn dirywio.

MURLUNIAU *ar yr ochr orllewinol*

Yn ystod y 1980au, dechreuodd llawer o artistiaid beintio ar ochr orllewinol y Wal. Mewn cyferbyniad trawiadol, fodd bynnag, roedd ochr ddwyreiniol y Wal yn ddiaddurn, gan y gwyddai artistiaid graffiti y byddent mewn perygl o gael eu saethu pe baent yn mynd i mewn i'r llain o dir neb er mwyn cyrraedd y Wal. Ond, ar ôl ei chwymp yn 1989, dechreuodd artistiaid adael eu holion ar ochr ddwyreiniol y Wal. Heddiw, dim ond rhai adrannau wedi'u peintio sydd ar ôl ar adfeilion hen Wal Berlin, ond sefydlwyd oriel gydag arddangosfa barhaol o gelfyddyd y Wal.

> *'Mr Gorbachev, rhwygwch y wal 'ma i lawr!'*
>
> **Arlywydd yr Unol Daleithiau, Ronald Reagan, yn herio Gorbachev i ddod â rhaniad Berlin i ben yn 1987.**

economaidd. Yn 1984, datgymalodd Dwyrain yr Almaen ddrylliau ar hyd ei ffin â Gorllewin yr Almaen yn gyfnewid am ddau fenthyciad mawr.

1981 Yn 1981, etholwyd y cyn actor ffilmiau, Ronald Reagan, yn arlywydd newydd America. Roedd yn ddrwgdybus iawn o'r Undeb Sofietaidd ac addawodd y byddai'n mynd i'r afael o ddifrif â'r Sofietiaid, a'r hyn a ddisgrifiai'n 'ymerodraeth ddrwg'. Ond, cafodd ei berswadio gan ei gynghorwyr i feithrin perthynas fwy heddychlon gyda'r Undeb Sofietaidd. Roedd hyn yn apelio at yr arlywydd gan y byddai lleihau arfau'n fodd o arbed arian. Felly llwyddodd i gyflawni'r addewid a wnaeth yn ei ymgyrch etholiadol i dorri trethi pobl America.

1982 Daeth Helmut Kohl yn Ganghellor Gweriniaeth Ffederal yr Almaen ym mis Hydref, 1982. Roedd yn ddyn hyderus, mawr o gorff, a wrthododd barhau i ymddiheuro am weithredoedd yr Almaen yn y gorffennol. Anogodd bobl ei wlad i edrych i'r dyfodol. Kohl a arweiniodd y cynlluniau diweddarach ar gyfer ailuno'r Almaen, ac, ar y cyd â'r Arlywydd Mitterrand o Ffrainc, ar gyfer mwy o undod yn Ewrop.

1985 Yn 1985, etholwyd Mikhail Gorbachev yn arweinydd newydd i'r Undeb Sofietaidd. Cyflwynodd Gorbachev syniadau newydd i wleidyddiaeth Rwsia, megis Glasnost (rhagor o ryddid i fynegi barn) a Perestroika (diwygio'r economi er mwyn galluogi pobl i wneud elw). Credai Gorbachev bod newid 'yn curo ar bob drws a ffenestr', a bod 'bywyd yn cosbi'r rheiny sy'n cyrraedd yn rhy hwyr'. Roedd ei barodrwydd i drafod yn hytrach na mynd i ryfel yn fodd i ddod â diwedd i'r Rhyfel Oer. Ar Hydref y 7fed, 1989, anogodd Gorbachev Erich Honecker i ddiwygio sefyllfa Dwyrain yr Almaen.

Yn 1985, etholwyd Mikhail Gorbachev yn arweinydd newydd yr Undeb Sofietaidd. Roedd yn ddyn cymharol ifanc wedi'i eni ar ôl Chwyldro Rwsia, ac roedd Raisa, ei wraig drawiadol, wrth ei bodd â ffasiwn y Gorllewin.

Daeth Awstria'n hafan i bobl Dwyrain yr Almaen ar ôl iddi agor ei ffiniau â Hwngari.

Mai 1989 Ym mis Mai 1989, gwnaeth Hwngari gomiwnyddol y penderfyniad tyngedfennol i ddatgymalu ei ffin weiren bigog gydag Awstria. Roedd Hwngari'n gyrchfan wyliau boblogaidd ers blynyddoedd i bobl Dwyrain yr Almaen, ac felly bu agor ei ffiniau'n fodd i ddegau o filoedd ddianc i'r Gorllewin. Pe bai unrhyw un am ddianc o'r Dwyrain comiwnyddol bellach, nid oedd angen gwneud dim ond teithio at ffin Hwngari, diflannu i'r coetiroedd a sgrialu dros y ffin i Awstria. Ar ôl cyrraedd, gallen nhw fynd ymlaen i Orllewin yr Almaen lle bydden nhw'n dod yn ddinasyddion Gorllewin yr Almaen yn syth. Erbyn diwedd mis Medi, roedd cyfanswm anhygoel o 30,000 o bobl wedi dianc o Ddwyrain Berlin drwy Hwngari.

Awst 1989 Dechreuodd pobl eraill heidio i swyddfa is-gennad y Weriniaeth Ffederal yn Berlin. Ar Awst yr 8fed, bu'n rhaid cau'r adeilad oherwydd bod nifer y ffoaduriaid a oedd yn dod yno y tu hwnt i reolaeth. Pan ddigwyddodd hyn, dechreuodd pobl fynd yn hytrach i swyddfa'r is-gennad yn Budapest, Hwngari. O ganlyniad, bu'n rhaid cau'r swyddfa honno hefyd. Yn ddiweddarach, daeth ffoaduriaid i Lysgenhadaeth Gweriniaeth Ffederal yr Almaen ym Mhrâg, Tsiecoslofacia, a chael hawl i ymfudo gan lywodraeth Tsiecoslofacia.

Mehefin 1988 Am lawer o flynyddoedd, roedd Honecker, arweinydd Dwyrain yr Almaen, yn gwbl ddigyfaddawd am y cannoedd o bobl a gâi eu lladd wrth geisio dianc i'r Gorllewin. Mynegodd dristwch yn unig am ei '25 cymrawd a lofruddiwyd yn fradwrus ar y ffin'. Gohiriodd Honecker y polisi 'saethu i ladd' wrth y Wal yn ystod achlysuron gwladwriaethol o bwys, ond yn drist iawn, parhaodd y marwolaethau. Chris Gueffroy, gweinydd 20 mlwydd oed, oedd yr olaf i gael ei saethu gan warchodwyr y ffin ar Chwefror y 5ed, 1989. Sbardunodd ei farwolaeth ddicter chwyrn yn rhyngwladol, ond dynododd gyfnod o wir newid hefyd. Rhoddwyd caniatâd i deulu Gueffroy i roi hysbysiad o'r angladd ym mhapurau newydd Dwyrain yr Almaen, a dyna'r tro cyntaf i hynny ddigwydd. Hefyd, mynychodd cyfryngau'r Gorllewin yr angladd, a chyhoeddwyd ffotograffau o'r digwyddiad ledled y byd.

Mehefin 1989 Roedd yr awydd am newid yn Nwyrain Ewrop yn cael ei adlewyrchu gan ddatblygiadau mewn mannau eraill o Ewrop gomiwnyddol. Yn 1988, daeth ton o streiciau i herio llywodraeth y Blaid Gomiwnyddol lywodraethol yng Ngwlad Pwyl, gan ddod â'r wlad i'w gliniau. Ym mis Mehefin 1989, gorfodwyd pennaeth Gwlad Pwyl, y Cadfridog Jaruzelski, i godi gwaharddiad ar undeb y gweithwyr, ac i alw etholiadau rhydd. Yn etholiad cyntaf Gwlad Pwyl ers dros 30 mlynedd, cafodd Solidarność

Eglwys LEIPZIG

Cynhaliwyd etholiadau lleol yn Nwyrain yr Almaen ar Fai'r 7fed, 1989, gan ysgogi rhagor o anniddigrwydd gyda honiadau o rigio'r pleidleisiau. Symudodd y protestwyr i Eglwys Nikolai yn Leipzig lle gorymdeithiodd torf o 20,000 i Sgwâr Karl Marx. Yn rhyfeddol, ni weithredodd y fyddin yn erbyn y protestwyr.

fuddugoliaeth ysgubol, gyda Tadeusz Mazowiecki yn cael ei ethol yn arweinydd anghomiwnyddol cyntaf Dwyrain Ewrop.

Hydref 1989   Roedd Gorbachev wedi trefnu i ymweld â Dwyrain Berlin ym mis Hydref ar gyfer dathliadau 40 mlwyddiant sefydlu Gweriniaeth Ddemocrataidd yr Almaen. Roedd hyn yn peri pryder i reolwyr Dwyrain Berlin. Gan ofni gwrthdystiad mawr yn erbyn Gorbachev ar ochr orllewinol y ddinas codwyd wal newydd gadarn wrth Reolfa Charlie i gadw gwrthdystwyr y Gorllewin allan, ac i gadw ei phobl ei hun i mewn. Pan gyrhaeddodd Gorbachev Berlin ar ddiwrnod poeth o Hydref yn 1989, cafodd ei gyfarch gan wrthdystwyr ar strydoedd y Dwyrain, yn pledio 'Gorbi, helpa ni! Gorbi, helpa ni!'. Ar ochr orllewinol y ddinas, cafodd gwylwyr y ffin eu bwrw â photeli ac wyau gan y dorf ddig. Pan adawodd Gorbachev Berlin, dymchwelwyd y wal newydd wrth Reolfa Charlie, ac roedd yr hinsawdd wleidyddol wedi newid am byth. Cafodd protestwyr hawl i wrthdystio heb gael eu bygwth â thrais. Roedd Erich Honecker yn gwrthwynebu diwygiadau Gorbachev yn chwyrn, ac fe gyhoeddodd 'bydd y Wal yn dal i sefyll ymhen 50 neu 100 mlynedd os na fydd y rhesymau dros ei bodolaeth wedi diflannu'. Ond roedd ei syniadau

Arweinydd Dwyrain yr Almaen, Erich Honecker, a'i wraig Margot. Aeth yn fwyfwy amhoblogaidd oherwydd ei amharodrwydd i siarad am dynnu Wal Berlin i lawr.

bellach yn perthyn i'r gorffennol. Ar Hydref y 18fed, 1989, cafodd ei ddiswyddo gan ei blaid ei hun, a chymerwyd ei le gan Egon Krenz, a etifeddodd wlad a oedd bron â mynd i'r wal. Yn hytrach na bygwth ei bobl a'u gorfodi i aros yn Berlin, ymbiliodd arnynt: 'Dyma eich lle chi. Mae arnom ni eich hangen chi'. Er mwyn tawelu'r nifer cynyddol o wrthdystwyr, cyhoeddodd y Politburo y gallai pobl Dwyrain yr Almaen deithio i'r Gorllewin am uchafswm o 30 diwrnod wedi Tachwedd y 1af, 1989.

Yn ystod ymweliad gan y Pab Ioan Pawl II, ymgasglodd protestwyr o Wlad Pwyl i brotestio ynglŷn â gwahardd yr undeb llafur, Solidarność. Roedd yr undeb llafur wedi dod yn fudiad cenedlaethol a oedd yn derbyn cefnogaeth gan hyd yn oed yr Eglwys Gatholig yng Ngwlad Pwyl, er iddo gael ei wneud yn anghyfreithlon gan lywodraeth y wlad rhwng 1981 ac 1989.

Mudiad Y FFORWM NEWYDD

Ar ôl i Hwngari agor ei ffiniau, ffurfiwyd grŵp o'r enw'r Fforwm Newydd gan ymgyrchwyr o Ddwyrain yr Almaen, sef fforwm i bobl fynegi barn am ddiwygio Dwyrain yr Almaen. Cynhaliwyd cyfarfodydd wythnosol a darllediadau radio a lluniwyd maniffesto ar gyfer diwygiadau.

YR EILIAD ALLWEDDOL *diwrnod dymchwel y wal*

AR BIGAU'R DRAIN

Am hanner nos ar Dachwedd y 9fed, 1989, dihangodd cyfanswm syfrdanol o 11,000 o bobl o Ddwyrain yr Almaen i Orllewin yr Almaen trwy Tsiecoslofacia. Aeth llif mawr o bobl yn eu blaenau i lysgenhadaethau'r Gorllewin ym Mhrâg, lle gallent ail-gofrestru'n ddinasyddion Gorllewin yr Almaen. Cafodd llywodraeth Krenz ei dychryn gan anferthedd y ddihangfa, felly galwodd gynhadledd i'r wasg i gyhoeddi cyfraith deithio newydd, yn y gobaith y byddai'n mynd i'r afael a'r broblem.

Gunter Schabowski, y dyn a ddewiswyd i wneud y cyhoeddiad tyngedfennol.

Roedd Schabowski'n amlwg yn nerfus ar ôl cynhadledd y wasg.

Erbyn Tachwedd 1989, roedd y ffin rhwng Dwyrain a Gorllewin Berlin eisoes yn dechrau gwanhau, ac yn ystod y nos ar Dachwedd y 9fed, dechreuodd y Wal dorri'n ddarnau. Ar ôl araith gan Gunter Schabowski ar ran y llywodraeth, codwyd gwaharddiadau'r ffiniau, a dechreuodd pobl symud yn eu miloedd tuag at y croesfannau.

Y DYN DEWISIEDIG

Tua 5.40 y prynhawn, cafodd Ysgrifennydd Plaid Gomiwnyddol Berlin, Gunter Schabowski, gyfarfod â'r Prif Weinidog Krenz i drafod cynhadledd i'r wasg a drefnwyd ar gyfer 6.00pm. Rhoddodd Krenz ddogfen i Schabowski a oedd yn cynnwys y gyfraith deithio newydd, gan ddweud wrtho, 'Cyhoedda hyn. Bydd yn sioc syfrdanol i bawb'. Ond, oherwydd holl gyffro'r digwyddiadau diweddar, methodd Schabowski â darllen y sgript yn gywir.

DECHRAU'R GYNHADLEDD

Ar ddiwedd y gynhadledd i'r wasg, cyhoeddodd Schabowski fod Dwyrain yr Almaen yn codi'r holl gyfyngiadau teithio. 'Gellir gwneud cais i deithio tramor heb gwestiwn, ac ... mae Heddlu'r Bobl wedi'u cyfarwyddo i ddosbarthu fisas ymadael hirdymor yn syth.' Gofynnodd newyddiadurwr i Schabowski pryd byddai'r rheoliadau newydd yn dod i rym. Atebodd yn betrusgar, 'Hyd y gwn i ... mae hyn yn digwydd ar unwaith.' Ychwanegodd hefyd y gallai 'allfudo parhaol ddigwydd ar bob croesfan ar ffin y Weriniaeth Ddemocrataidd â'r Weriniaeth Ffederal a Gorllewin Berlin.' Mae'n annhebygol fod gan Schabowski unrhyw syniad ynglŷn â'r hyn a ddywedodd. Pan ofynnwyd iddo gan newyddiadurwr arall a fyddai'r gyfraith yn arwain at allfudo ar raddfa helaeth, atebodd, 'gobeithio na ddaw hi i hynny.'

FFLACH NEWYDDION

Bedair munud yn unig ar ôl i Schabowski orffen ei araith, roedd prif asiantaethau newyddion y byd eisoes wedi nodi ei sylwadau gydag awch, ac wrthi'n anfon negeseuon llawn cyffro i bedwar ban byd. Adroddodd Reuters y byddai trefniadau teithio newydd ar waith, ond aeth asiantaeth yr Associated Press lawer ymhellach, gan honni y byddai'r ffiniau'n dod i lawr yn syth.

BARN *y bobl*

'Chawson ni ddim rhybudd ynglŷn â'r hyn yr oedd e'n mynd i'w ddweud, er ein bod ni'n amau y byddai rhywbeth yn digwydd. Penderfynon ni ein bod wedi ei ddeall yn gywir, a'i fod wedi agor y wal: chwaraeon ni'r fideo eto i wneud yn siŵr. Ac yna, wrth gwrs, roedd pawb wrthi'n brysur yn sgwennu, sgwennu a sgwennu.'

Y newyddiadurwr Erdmute Greis-Behrendt yn ymateb i araith Schabowski.

Roedd dyn ifanc... yn codi llaw arnom ni. "Hei bobl, wyddoch chi beth? Mae'r ffiniau ar agor! On'd yw hyn yn rhyfedd?!" Sut all hyn weithio, rwy'n holi fy hun. Ai ni fydd y rhai olaf i ddiffodd y golau yn y Weriniaeth Ddemocrataidd 'te? Fydd pawb yn mynd i'r Gorllewin nawr fod hynny mor rhwydd? Mae'n swnio mor anhygoel – prin y galla i gredu'r peth.'

Ymateb gŵr o Ddwyrain yr Almaen, Thomas Khalou, i'r adroddiadau am araith Schabowski.

RHEOLFA BORNHOLMER STRASSE

19:05

Tra bod cyfryngau'r byd eisoes wedi dod i benderfyniad am dynged Wal Berlin, roedd swyddogion pasbort yn Nwyrain Berlin yn parhau i fod yn ddrwgdybus. Harald Jaeger oedd y rheolwr pasbort yn rheolfa Bornholmer Strasse, ac fe wrthododd dderbyn sylwadau Schabowski. 'Beth mae'r Schabowski 'ma yn ei olygu wrth "ar unwaith"? Mae hynny'n gwbl amhosibl.'

Yn Bornholmer Strasse, gwrthododd y swyddogion gredu'r cyhoeddiad.

BARN *y bobl*

'Wrth edrych o gwmpas, fe welwn lawenydd mawr ar wynebau'r bobl. Dyma oedd diwedd y llywodraeth yn dweud wrth bawb beth i beidio â'i wneud, dyma oedd diwedd y Wal, diwedd y rhyfel a diwedd y Dwyrain a'r Gorllewin.'

Dyn o Ddwyrain yr Almaen yn sôn am ei lawenydd yng nghanol y cyffro.

'Roedd popeth y tu hwnt i reolaeth. Roedd heddlu ar geffylau'n gwylio'n ddiymadferth. Er mwyn cael golygfa well, roedd pobl yn dringo ar doeon siopau ar yr ochr orllewinol.'

Rainer Pterck, ymwelydd â Berlin, yn disgrifio'r olygfa.

 Y NEWYDDION `19:30`

Darlledodd y sianel deledu Almaenig ZDF y newyddion am araith Schabowski am 7.17 yr hwyr, ond dim ond y chweched eitem ar ei bwletin ydoedd. Am tua 7.30 yr hwyr, ar *Aktuelle Kamera*, sef rhaglen o'r Weriniaeth Ddemocrataidd, roedd yn ail eitem, a dechreuodd y stori ledaenu. Yna, erbyn rhaglen newyddion wyth o'r gloch ARD yng Ngorllewin yr Almaen, adroddwyd fod y ffin yn gwbl agored.

BORNHOLMER STRASSE `20:00`

Erbyn i araith Schabowski ddechrau cael ei darlledu'n genedlaethol, roedd nifer y bobl a oedd yn ymgasglu yn Bornholmer Strasse wedi tyfu o ffrwd fechan i lif mawr. Erbyn 8.30 yr hwyr roedd miloedd o bobl yno, oherwydd yn wahanol i Reolfa Charlie, roedd Bornholmer Strasse wedi'i lleoli mewn ardal breswyl brysur.

Awr yn unig wedi'r cyhoeddiad, dechreuodd torf o bobl ymgasglu yn rheolfa Bornholmer Strasse.

Y PWYSAU'N CYNYDDU **21:00**

Erbyn 9.00 yr hwyr roedd y dorf wedi tyfu i ddegau o filoedd. Roedd rhes hir o geir yn ymestyn dros gannoedd o fetrau i lawr y ffordd fawr, gan lifo i mewn i'r strydoedd cefn. Harald Jaeger oedd y prif reolwr pasbort. Pan ffoniodd y pencadlys, dywedwyd wrtho am adael unrhyw un oedd yn debygol o greu helynt drwodd, er mwyn tawelu'r dyfroedd. Y syniad oedd rhoi stamp ar eu cardiau adnabod mewn ffordd arbennig, fel na fyddai modd iddynt ddychwelyd i Ddwyrain Berlin. Erbyn 9.20 yr hwyr roedd cannoedd ar gannoedd wedi cael caniatâd i fynd drwy dri chaban pasbort ar y ffin i mewn i Orllewin Berlin, wrth i'r dorf y tu ôl iddynt lafarganu 'Agorwch y gatiau, agorwch y gatiau'.

Y torfeydd yn ymdrechu i gael yr olygfa orau yn Bornholmer Strasse.

RHEOLFA CHARLIE **21:30**

Wrth i bobl ymgasglu yn Bornholmer Strasse, roedd torf o ychydig gannoedd wedi crynhoi ar ochr orllewinol Rheolfa Charlie. Ymbiliodd y dorf ar y gwarchodwyr i adael y bobl ar yr ochr arall i mewn i Orllewin Berlin, ond gwrthodwyd eu cais yn gwrtais. Erbyn 10.00 yr hwyr, roedd ychydig o bobl wedi camu allan o'r dorf dros linell y ffin, a thrwy hynny wedi croesi i mewn i diriogaeth Dwyrain yr Almaen. Cawsant eu gwthio nôl gan warchodwyr y ffin, a oedd yn dal i gael eu cyfarwyddo gan yr awdurdodau i ymddwyn fel pe na bai unrhyw newid wedi bod i statws y Wal.

Dechreuodd pobl yng Ngorllewin Berlin herio awdurdod y gwarchodwyr ar Reolfa Charlie.

BARN *y bobl*

'Dw i mor hapus! Berlin yw Berlin unwaith eto! Nawr o'r diwedd mae'r Wal ofnadwy hon wedi ei dymchwel a gallwn ni fod gyda'n gilydd eto. Mae gen i ffrindiau a theulu yn y Dwyrain nad ydw i wedi'u gweld ers blynyddoedd,'

Jurgen Schwarker o Orllewin Berlin.

'Alla i ddim credu'r peth! Dw i ddim yn teimlo fel petawn i mewn carchar mwyach!'

Angelika Wache, 34, yr ymwelydd cyntaf i groesi wrth Reolfa Charlie.

'Cer i gael gwydraid o gwrw.'

Person o Orllewin yr Almaen yn siarad â Torsten Ryl, gan roi papur 20 marc iddo. Roedd yn un o blith llawer a ddaeth i gael cip ar orllewin y wlad.

ALLWN NI DDIM GWRTHSEFYLL AM LAWER RHAGOR

Yn narllediad newyddion nosweithiol ARD, cyhoeddwyd fod 'y gatiau yn y Wal ar agor' er gwaetha'r ffaith fod y rheolfeydd yn dal i fod ar glo. Roedd y pwysau bron yn annioddefol wrth groesfannau'r ffin a'r gwarchodwyr yn dechrau cael trafferth cadw trefn ar y torfeydd anniddig.

Roedd gwarchodwyr wrth lawer o'r rheolfeydd yn dechrau disgyn dan y pwysau (uchod).

AR BEN Y WAL

Wrth Reolfa Charlie, roedd yn amlwg fod agwedd y dynion a ddewiswyd i warchod y groesfan yn dechrau newid. Roeddent wedi'u syfrdanu gan yr hyn oedd yn digwydd, ac fe benderfynon nhw anufuddhau i'r gorchymyn i gau'r gât wrth Reolfa Charlie. Dechreuodd pobl lifo at y Wal, a dechrau dringo drosti. Yn ôl yr Uwch-gapten Bernie Godek o fyddin yr Unol Daleithiau, 'roedd pobl yn eistedd ar y Wal a'u coesau'n hongian i lawr, bron yn ymlacio, yn hollol ddidaro.' Wrth i hyn ddigwydd, roedd llawer o'r gwarchodwyr yn diosg eu helmedau ac yn ymuno â'r môr o bobl a oedd yn gwasgu yn erbyn y Wal, a hyd yn oed yn cytuno i dynnu lluniau i bobl o Orllewin yr Almaen.

Dechreuodd pobl ddringo dros y Wal wrth amryw o'r rheolfeydd.

Bornholmer Strasse oedd un o'r croesfannau cyntaf i agor.

RHEOLFA CHARLIE

Wrth Reolfa Charlie, daeth Cadlywydd o Ddwyrain yr Almaen, Gunter Moll, wyneb yn wyneb â thorf watwarus o'r ddau gyfeiriad. Yn Nwyrain Berlin, roedd y dorf yn gweiddi 'Gadewch inni fynd! Gadewch inni fynd!', tra bod miloedd yn Nwyrain Berlin yn gweiddi, 'Dewch! Dewch! Dewch!'. Am funud i hanner nos, penderfynodd Moll agor y gât i gerddwyr.

UN O'R RHAI CYNTAF

Yn Nwyrain Berlin, roedd y pwysau'n dal i gynyddu. Roedd torf o bron i 20,000 o bobl yn gwasgu'n erbyn rheolfa Bornholmer Strasse, gan lafarganu 'Agorwch hi! Agorwch hi!', wedi'u calonogi gan y newyddion fod rheolfa Rudower Chausee yn ne'r ddinas wedi ei hagor. Wrth i Harald Jaeger sylweddoli mor beryglus fyddai ceisio atal torf mor anferthol, gorchmynnodd 'Agorwch bob un'. Gyda'r geiriau hynny, rhyddhawyd llif llawen o bobl o'r Dwyrain i'r Gorllewin. Am 11.35 yr hwyr, agorwyd rheolfa Heinrich-Heine-Strasse ymhellach i'r de hefyd.

Dechreuodd pobl lifo drwy Reolfa Charlie am hanner nos.

Ar ddechrau diwrnod newydd, roedd pobl yn dathlu gyda gwarchodwyr y ffin, a oedd wedi'u syfrdanu.

BORNHOLMER STRASSE

01:35

Roedd y miloedd a oedd wedi ymgasglu wrth Bornholmer Strasse, yn gweiddi wrth ddechrau symud drwy'r rheolfa. Dringodd rhai dros y Wal. Tynnodd pobl Gorllewin Berlin bobl o'r Dwyrain i ben y rhwystr lle, flynyddoedd ynghynt, bydden nhw wedi cael eu saethu am geisio dringo. Am 1.35 y bore, adroddodd Chris Toft o Heddlu Milwrol Prydain fod pobl 'yn torri'r Wal â morthwylion'. Cyn hir, byddai teirw dur yn cymryd lle'r morthwylion.

Dechreuodd Berlinwyr dig fwrw'r wal gyda'u morthwylion.

BARN *y bobl*

'Roedd dros 20,000 o Almaenwyr o'r Dwyrain a'r Gorllewin wedi ymgasglu mewn parti anferth ... Rhwng rhesi o geir, roedd grŵp o gerddorion yn chwarae'r ffiolin a'r acordion, a dynion a menywod yn dawnsio mewn cylchoedd.'

Gunter Hanski o Ddwyrain yr Almaen yn cofio'r noson y cwympodd y Wal.

'O flaen Gât Brandenburg, roedd y Wal yn mesur pedair troedfedd o led, felly roedd digon o le i gannoedd o bobl sefyll ac yfed. Roedd menywod yn crefu ar y gwarchodwyr: 'Dewch i fyny fan hyn! Yfwch! Dawnsiwch! Mae'r cyfan ar ben! Anghofiwch am y Wal ddiawl! Anghofiwch am y Weriniaeth Ddemocrataidd!' Wnes i ddim blino ar weld Almaenwyr yn cwympo i freichiau ei gilydd.'

Henry Porter yn "*The Brandenburg Gate Opens*".

DICTER YN Y DWYRAIN

`02:00`

Ym mhrifddinas Dwyrain yr Almaen, dechreuodd torfeydd anferth ddathlu cwymp y Wal, gan obeithio y byddai'n dod â Dwyrain a Gorllewin yr Almaen ynghyd unwaith eto. Roeddent hefyd yn ddig am y celwyddau yr oedd eu llywodraeth wedi bod yn dweud wrthynt ers blynyddoedd, ac fe ddechreuon nhw wrthdystio gan floeddio am ailuno'r Almaen. Cafodd tanau eu cynnau ar ben ceir a oedd wedi'u gorchuddio â baner Dwyrain yr Almaen. Ymhen amser, dechreuodd y torfeydd wasgaru wrth i ragor o bobl heidio i'r Gorllewin i weld beth oedd yn digwydd yng nghanol Berlin. Roedd llawer o bobl Dwyrain yr Almaen yn ysu am gael cwrdd â ffrindiau a pherthnasau ar yr ochr arall, gan gynnwys rhai nad oeddent wedi'u gweld ers blynyddoedd.

Cafodd llawer o gerbydau eu dinistrio yn Nwyrain yr Almaen wrth i bobl ddangos eu dicter tuag at eu llywodraeth.

GÂT BRANDENBURG

`04:00–05:00`

Ddwy awr yn ddiweddarach, roedd ymwelwyr o'r Gorllewin wedi dechrau dod i mewn i ochr arall Berlin. Aeth llawer ar eu hunion i Gât Brandenburg, sef pwynt a oedd yn union ar linell y rhaniad. Roedd pobl yn dringo'r wal ac yn dawnsio arni tra'r edrychai gwarchodwyr arnynt yn ddiymadferth.

SYMUD YN RHYDD

`06:30`

Gyda thoriad gwawr, roedd ceir yn symud yn rhydd o Ddwyrain Berlin i'r Gorllewin. Roedd llawer o bobl Dwyrain yr Almaen yn dychwelyd adref ar ôl noson fythgofiadwy yn y Gorllewin. Ar ôl blynyddoedd o orfod byw ar fwyd cwbl sylfaenol, dechreuodd siopwyr y Dwyrain lenwi'u bagiau â ffrwythau, sigarennau a nwyddau trydanol. I lawer, roedd y Gorllewin yn anghredadwy, a silffoedd yr archfarchnadoedd yn llawn o ddanteithion moethus. 'Roedd mynd i Orllewin Berlin gystal â mynd i Awstralia i mi', meddai un person o Ddwyrain yr Almaen.

...l o Ddwyrain yr Almaen yn dychwelyd â'u bagiau siopa'n llawn.

Ni allwn ragweld y datblygiadau nesaf,' meddai Canghellor Gorllewin yr Almaen, Helmut Kohl. 'Bellach, mae olwyn hanes yn symud yn gyflym.' Erbyn dechrau 1990, roedd y syniad o uno'n dod yn fwy tebygol. Roedd Kohl yn gryf o blaid uno'r ddwy wladwriaeth, tra bod anniddigrwydd pobl y Dwyrain yn gorfodi'r Prif Weinidog Modrow i ddechrau meddwl am Almaen unedig.

Ym mis Rhagfyr 1989, cynhaliwyd cyfarfod yn Dresden rhwng Canghellor Gorllewin yr Almaen, Helmut Kohl ac Arlywydd Dwyrain yr Almaen, Hans Modrow, i drafod rhagor o gydweithio rhwng y ddwy wlad. Lai na blwyddyn yn ddiweddarach, byddai'r Almaen yn unedig unwaith eto.

Y gweddillion olaf

Erbyn gyda'r nos ar Dachwedd yr 11eg, roedd y slabiau concrit cyntaf yn cael eu tynnu i lawr. Drannoeth, agorwyd y ffiniau'n llwyr yn Potsdamer Platz – sef un o groesfannau prysuraf Ewrop. Perfformiodd Cerddorfa Ffilharmonig Gorllewin Berlin i nodi'r achlysur.

Kohl a Gorbachev

Tra bod Wal Berlin yn cael ei dymchwel, roedd y Canghellor Helmut Kohl yn ymweld â Phrif Weinidog Gwlad Pwyl yn Warsaw. Pan glywodd y newyddion am ddigwyddiadau'r noson gynt, hedfanodd yn syth i Berlin i fynychu rali yno. Wrth i Kohl aros i siarad, cafodd alwad ffôn gan y Llysgennad Sofietaidd yn Berlin, gyda neges oddi wrth Mikhail Gorbachev. Roedd yr arweinydd Sofietaidd am wybod a oedd pobl yn ymosod ar safleoedd Sofietaidd yn Nwyrain yr Almaen. Sylweddolodd Kohl fod ei wrthwynebwyr gwleidyddol yn Rwsia yn rhoi gwybodaeth ffug i Gorbachev oherwydd eu gwrthwynebiad i'r drefn. Bu raid darbwyllo Gorbachev nad oedd unrhyw wirionedd yn yr honiadau hynny.

Twristiaid i'r Dwyrain

Ar ôl cwymp y Wal, daeth tua dwy filiwn o bobl Dwyrain yr Almaen i ymweld â Gorllewin yr Almaen. Rhoddwyd tocyn diwrnod i unrhyw un a oedd am deithio i Orllewin Berlin, a gwasgodd miloedd o bobl ar drenau am ddim a drefnwyd gan lywodraeth Gorllewin yr Almaen. Nododd un

Ceir **TRABI**

Pan gwympodd y Wal yn 1989, gwelodd pobl Gorllewin Berlin gannoedd o geir bach rhyfedd yr olwg yn bustachu allan o ddwyrain y ddinas. Enw'r cerbydau plastig a gwydr ffibr hyn oedd Trabants, neu geir 'Trabi'. Gyda chyflymder uchaf o 99km yr awr (62 mya), ac injan fechan swnllyd a oedd yn swnio'n debycach i feic modur, roedd y Trabi'n ymddangos yn hynod gyntefig o'i gymharu â cheir Gorllewinol. Heddiw, cânt eu cofio gyda anwyldeb, ac mae miloedd o ymwelwyr yn tyrru i gyfarfod rhyngwladol blynyddol ar gyfer cyn berchnogion ceir Trabi.

ymwelydd fod 'dros 80% o Ddwyrain yr Almaen ar wyliau yng Ngorllewin yr Almaen'. Gorfodwyd prifysgolion yn y Dwyrain i ohirio'u gwersi gan fod eu myfyrwyr wedi mynd i ymweld â'r Gorllewin. Yno, gallai pobl Dwyrain Berlin ymweld ag unrhyw fanc i gael 100 deutschmark o 'Arian Croeso', a oedd gyfwerth â chyflog llawer o fisoedd yn y Dwyrain. Roedd gwirfoddolwyr ar y strydoedd hefyd yn rhoi teisennau i'r Dwyreinwyr, gan gredu eu bod yn rhy dlawd i allu fforddio bwyta.

Cwymp y Bloc Sofietaidd

Gyda chwymp Wal Berlin, lledodd cynnwrf drwy Ewrop. Ym mis Rhagfyr 1989, etholwyd cyn arweinydd Solidarność, Lech Walesa, yn Arlywydd Gwlad Pwyl. Yn yr un mis, ymddiswyddodd y Blaid Gomiwnyddol yn Tsiecoslofacia wedi gwrthdystiad ar Dachwedd yr 17eg, 1989. Yn Hwngari, diddymwyd y Blaid Gomiwnyddol a oedd mewn grym, a chyhoeddwyd y byddai etholiadau rhydd ym mis Mawrth 1990. Yn Rwmania, cafwyd

GWERTHU'R *Wal*

Wythnosau'n unig ar ôl cwymp y Wal, roedd yn cael ei gwerthu fesul darn i dwristiaid brwd. Codwyd stondinau'n frysiog ar hyd llwybr yr hen rwystr gan bobl o Ddwyrain yr Almaen, Gwlad Pwyl a Thwrci. Roedd twristiaid yn awyddus i gael rhannau wedi'u peintio o'r ochr ddwyreiniol, felly byddai'r gwerthwyr yn eu peintio i gael gwell pris. Gallech hefyd brynu lifrai byddin Dwyrain yr Almaen a'r fyddin Sofietaidd. Heddiw, mae'n bosibl prynu rhannau'r o'r Wal yn yr Almaen a ledled y byd, diolch i'r rhyngrwyd.

chwyldro gwaedlyd ym mis Rhagfyr, a dienyddiwyd yr unben comiwnyddol Nicolae Ceausescu a'i wraig, Elena. Ymhen llai na chwe mis, roedd y Llen Haearn wedi diflannu.

Hans Modrow

Yn Nwyrain yr Almaen cynigiodd y prif weinidog newydd, Hans Modrow, y dylid creu 'cymuned o gytundebau' i gael rhagor o gydweithredu rhwng y ddwy Almaen. Ond, roedd yn dal i gredu y dylai Dwyrain a Gorllewin y wlad fod yn ddwy genedl ar wahân, er gwaetha'r ffaith fod pobl y Dwyrain yn troi eu cefnau ar eu gwlad ac yn heidio i'r Gorllewin.

Trigolion Prâg yn dathlu'n wyllt ar ôl clywed fod llywodraeth Plaid Gomiwnyddol Tsiecoslofacia wedi ymddiswyddo ar Dachwedd y 24ain, 1989.

> *'Rwy'n siŵr y daw undod os mai dyna yw dymuniad pobl yr Almaen.'*
>
> Canghellor yr Almaen, Helmut Kohl

Teyrnasiad bygythiol Y STASI

'Stasi' oedd enw heddlu cudd Dwyrain Berlin. Roeddent yn arestio gwrthwynebwyr gwleidyddol ac yn carcharu unrhyw un a oedd yn anghytuno â'u polisïau gwleidyddol. Ni ddaeth holl fanylion erchyll eu teyrnasiad i'r amlwg tan i Wal Berlin gwympo yn 1989. Wrth i'r gyfundrefn gomiwnyddol ddymchwel, ceisiodd swyddogion y Stasi ddinistrio unrhyw ddogfennau a fyddai'n eu profi'n euog, ond cawsant eu dal cyn iddynt lwyddo.

Yn ôl lawr i'r ddaear

Yng Ngorllewin yr Almaen, roedd agwedd pobl tuag at yr Ossies (y Dwyreinwyr) yn dechrau newid wrth i lawenydd droi'n realiti bob dydd. Roedd Gorllewin Berlin yn orlawn o Ddwyreinwyr bob penwythnos, a'r strydoedd dan eu sang wrth i geir Trabant fustachu i lawr strydoedd y ddinas. Roedd rhaid iddynt hefyd wynebu ciwiau hir yn y banciau wrth i'r Dwyreinwyr aros i gasglu eu harian croeso. Roedd llawer o'r Gorllewinwyr yn ddiamynedd â'u cymdogion a theimlai llawer o'r Dwyreinwyr eu bod wedi colli eu hurddas pan ddaeth y Wal i lawr. Meddai un ohonynt, 'Byddwn i'n teimlo fel cardotyn pe bawn i'n nôl fy 100 marc'.

Cymorth i'r etholiadau

Ar Dachwedd yr 28ain, 1989, cyhoeddodd Helmut Kohl am y tro cyntaf ei fod am uno'r ddwy Almaen. Cynigodd filiynau o bunnau o gymorth economaidd i Ddwyrain yr Almaen yn gyfnewid am etholiadau rhydd yn Nwyrain Berlin.

Gwrthwynebiad dramor

Dramor, cafodd cynlluniau Kohl ar gyfer ailuno ymateb cymysg. Ym Mhrydain, roedd y prif weinidog, Margaret Thatcher, yn ofni Almaen unedig, ac yn awyddus i 'gadw golwg ar y jygarnot Almaenig'. Yn Ffrainc, roedd yr Arlywydd Mitterrand yn gandryll ond yn hyderus na fyddai'r Undeb Sofietaidd yn caniatáu i'r fath beth ddigwydd.

Dioddefwyr y Stasi yn ymgasglu yn Leipzig, Dwyrain yr Almaen, ar Ragfyr y 18fed, 1989. Cynhaliwyd gwrthdystiadau rheolaidd y tu allan i adeilad y Stasi oherwydd bod pobl yn ofni bod yr heddlu cudd ar fin lansio ymgyrch giaidd newydd yn Nwyrain Berlin.

FFEILIAU'R *STASI*

Datgelodd ffeiliau'r Stasi fod gan yr heddlu cudd 85,000 o weithwyr llawn amser a hanner miliwn o hysbyswyr a oedd yn cael eu cyflogi i ganfod popeth a oedd yn digwydd yn Nwyrain yr Almaen. Roedd dros un o bob tri pherson o Ddwyrain yr Almaen yn cael eu gwylio gan y Stasi, a daeth yr ymchwilwyr o hyd i gasgliad anferth o adroddiadau, sy'n dal i gael eu darllen. Ar ôl cwymp y Wal, roedd hawl gan bob Almaenwr i weld eu ffeiliau. Roedd llawer wedi'u syfrdanu o weld fod aelodau o'u teuluoedd a'u ffrindiau agos wedi bod yn ysbïo arnynt. Hefyd, datgelodd y ffeiliau ragrith cymdeithas Dwyrain yr Almaen. Tra bod pobl gyffredin y wlad yn byw bywydau syml, roedd arweinwyr megis Erich Honecker yn berchen ar dai gwyliau moethus yn llawn staff, ac yn mynd ar wyliau drudfawr i'r Gorllewin.

'Does dim angen i mi ei wrthwynebu – bydd y Sofietiaid yn gwneud hynny drosta i,' cyhoeddodd. Dim ond yr Unol Daleithiau oedd yn cefnogi'r syniad o uno o'r dechrau. Er nad oedd am gorddi'r Undeb Sofietaidd drwy 'ddawnsio ar y Wal', dywedodd yr Arlywydd George Bush (yr hynaf) nad oedd yn ofni'r syniad o Almaen unedig.

Anhrefn yn y Dwyrain

Erbyn diwedd 1989, roedd sefyllfa wleidyddol Dwyrain yr Almaen yn mynd yn fwyfwy ansefydlog. Roedd ymfudo'n parhau, a gwerth arian yn gwanhau'n gyflym. Er bod rhai deallusion yn ymgyrchu dros annibyniaeth i Ddwyrain yr Almaen, roedd y rhan fwyaf o bobl y wlad o blaid uno.

Diwedd y Stasi

Ar Dachwedd yr 20fed, 1989, gorymdeithiodd miloedd o bobl Dwyrain yr Almaen drwy Leipzig gan lafarganu, 'Ni yw'r bobl'. Roeddent yn ofni bod y llywodraeth yn ceisio cynyddu ei grym – amheuaeth a dyfodd pan gynhaliodd y comiwnyddion 'rali wrth-ffasgaidd' anferth ym mis Ionawr. Pan gyhoeddodd y Prif Weinidog Modrow gynlluniau i sefydlu heddlu cudd newydd yn lle'r Stasi ofnadwy, cynddeiriogwyd pobl Dwyrain yr Almaen, ac fe benderfynon nhw weithredu. Ar Ionawr y 15fed, 1990, rhuodd ton o brotestwyr i mewn i bencadlys y Stasi yn Nwyrain Berlin, gan rwygo'r adeilad yn ddarnau a pheintio sloganau gwrth-gomiwnyddol ar y waliau.

Kohl yn cwrdd â Gorbachev

Roedd y Canghellor Kohl yn gwybod fod yn rhaid iddo ddarbwyllo'r Undeb Sofietaidd ynglŷn â'i gynlluniau os oeddent i'w gwireddu. Ar Chwefror y 10fed, 1990, aeth i Moscow i gyfarfod â Gorbachev. Ar ôl i Kohl ei sicrhau na fyddai'r ffiniau presennol yn cael eu torri, ac na fyddai masnach yr Undeb Sofietaidd â Dwyrain yr Almaen yn cael ei effeithio, dywedodd arweinydd Rwsia wrth yr Almaenwr nad oedd 'unrhyw wahaniaeth barn ... ynglŷn â'r uniad, a hawl y bobl i'w geisio'. Hedfanodd Kohl adref yn fuddugoliaethus, ac mewn darllediad teledu, cyhoeddodd na fyddai'r Undeb Sofietaidd yn gwrthwynebu uno'r Almaen.

Mae gan archifdy'r comisiynydd yn Berlin gyfanswm anhygoel o 122 cilometr o ffeiliau Stasi. Mae mwy nag 1.7 miliwn o Almaenwyr wedi ymweld â'r adeilad i archwilio eu ffeiliau, a llawer wedi cael sioc gyda'r hyn a welsant.

Tynnu **SYMBOLAU** *i lawr*

Yn Berlin ei hun, ychydig fisoedd yn unig ar ôl cwymp y Wal, roedd symbolau'r rhaniad yn cael eu tynnu i lawr yn syfrdanol o gyflym. Tynnwyd cerflun Lenin o Leninplatz, Dwyrain Berlin, ac i gyfeiliant band yn gorymdeithio, chafodd caban y Cynghreiriaid yn Rheolfa Charlie ei ddinistrio gyda chraen anferth.

Etholiadau rhydd Modrow

Ar Chwefror y 1af, 1990, penderfynodd prif weinidog Dwyrain yr Almaen, Hans Modrow, gefnogi'r ailuno, gan gyhoeddi fod 'uno dwy weriniaeth yr Almaen nawr ar yr agenda'. Yna, ar Fawrth y 18fed, cynhaliodd Dwyrain yr Almaen ei hetholiadau rhydd cyntaf. Cefnogwyd y rhan fwyaf o'r pleidiau oedd yn sefyll gan grwpiau gwleidyddol o'r Gorllewin, gan gynnwys plaid Cynghrair yr Almaen a oedd yn cael ei chefnogi gan Kohl ei hunan. Yr SPD oedd y ffefrynnau, ond gwnaethant lawer o gamgymeriadau gan gynnwys cyhoeddiad gan gyn aelod ei fod yn 'Farcsydd amgen'. A hwythau'n benderfynol o beidio ag ailethol llywodraeth â thueddiadau comiwnyddol, ac wedi'u temtio gan y slogan: 'Heb Kohl, heb arian', rhoddodd y pleidleiswyr eu cefnogaeth i blaid Kohl.

Ailuno

Nawr fod y pleidiau ar ddwy ochr yr Almaen o blaid ailuno, y cam olaf oedd cael cytundeb a fyddai'n cymryd lle'r cytundeb heddwch a baratowyd gan y Cynghreiriau ar ddiwedd yr Ail Ryfel Byd ond na chafodd ei arwyddo. Ar Orffennaf yr 16eg, 1990, arwyddwyd Cytundeb y Ddwy (Almaen) a'r Pedair (Cynghrair) gan Kohl a'r Cynghreiriaid. Daeth â hawliau'r Cynghreiriaid yn yr Almaen i ben, a rhoi'r hawl i'r Almaen newydd aros yn NATO, cyhyd â bod ei

Daeth cannoedd ar filoedd o bobl o Ddwyrain a Gorllewin yr Almaen at ei gilydd i ganol Berlin ar y diwrnod y cafodd yr Almaen ei huno.

RHAGOR *o ddathliadau*

Roedd llawer o Almaenwyr y Dwyrain a'r Gorllewin dan deimlad mawr pan gyhoeddwyd y byddai'r Almaen yn un wlad unwaith eto. Meddai Ursula Grosser Dixon gwraig o Ddwyrain yr Almaen, 'Collais fy mhen yn llwyr. Roedd pobl yn canu anthem genedlaethol yr Almaen yn y strydoedd. Roeddwn yn ofnadwy o flinedig, ond dyna'r dathliad i mi ei fwynhau fwyaf erioed.'

hawdurdod ddim yn ymledu i hen Ddwyrain yr Almaen tra bod lluoedd Sofietaidd yn parhau i fod yno. Hefyd, cytunodd yr Almaen i beidio â chasglu arfau niwclear. Yna, am hanner nos ar Hydref y 3ydd, 1990, ailunwyd yr Almaen yn swyddogol, lai nag 11 mis ar ôl dymchwel y Wal.

Berlin neu Bonn?

Nawr roedd yn rhaid i lywodraeth newydd yr Almaen benderfynu ble y dylai'r brifddinas newydd fod. Y ddau ddewis oedd Bonn, prifddinas Gorllewin yr Almaen, a Berlin, prifddinas Dwyrain yr Almaen a dinas hanesyddol gyntaf yr Almaen. Roedd Bonn yn bell i ffwrdd o'r hen Ddwyrain. Penderfynodd y llywodraeth y byddai ei dewis wedi gwneud i'r Dwyrain deimlo eu bod wedi'u cau allan o'r broses wleidyddol. Felly, yn 1991, dewiswyd Berlin yn brifddinas newydd. Yn raddol, symudwyd swyddfeydd a gweithgareddau'r llywodraeth o Bonn i Berlin. Cwblhawyd y symud yn derfynol yn 2000.

Troseddwyr rhyfel ar brawf

Wedi hynny, trodd y sylw at y rhai a gyflawnodd droseddau ofnadwy yn erbyn pobl oedd yn ceisio croesi'r Wal. Ym mis Medi 1991, cafodd pedwar cyn warchodwr eu dedfrydu am ladd Chris Gueffroy, er iddynt ddadlau mai ufuddhau i orchmynion oeddent. Cafodd y cyn brif weinidog, Erich Honecker, ei arestio ym Moscow a'i anfon yn ôl i'r Almaen. Cafodd ei gyhuddo o ddynladdiad oherwydd ei bolisi 'saethu i ladd', ond ni chafodd ei garcharu oherwydd bod afiechyd angheuol arno. Derbyniodd Egon Krenz ddedfryd o chwe blynedd a hanner o garchar yn 1997, a chafodd Gunter Schabowski ei ddedfrydu i dair blynedd.

Derbyniodd Egon Krenz, cyn brif weinidog Gweriniaeth Ddemocrataidd yr Almaen, ddedfryd o chwe blynedd a hanner o garchar am ei ran mewn troseddau a gyflawnwyd gan y gyfundrefn gomiwnyddol.

'Bydd yr Undeb Sofietaidd yn parchu penderfyniad yr Almaenwyr i fyw mewn un weriniaeth, ac mai'r Almaenwyr ddylai benderfynu pryd a sut y dylai'r uno ddigwydd.'

Y Canghellor Kohl

Ar ôl yr ailuno, parhaodd newidiadau mawr yn yr Almaen ac yng ngweddill Ewrop. Ddwy flynedd ar ôl cwymp Wal Berlin, dymchwelodd yr Undeb Sofietaidd. Gartref, yn sgil ton newydd o fewnfudwyr a gafodd eu denu gan yr Almaen newydd, ymddangosodd grwpiau neo-Natsïaidd yn yr hen Weriniaeth Ffederal. Bu rhyfeloedd yn Ewrop a'r Dwyrain Canol yn dipyn o her i bolisi tramor newydd yr Almaen, a chwaraeodd y wlad ran allweddol yn natblygiad yr Ewrop newydd.

Mae rhan o adeilad y Reichstag yn cynnwys cromen wydr, sy'n galluogi ymwelwyr i edrych i lawr ar siambr y senedd. Nod cynllun yr adeilad yw adlewyrchu ymrwymiad yr Almaen i lywodraeth fwy gweladwy.

Cwymp yr Undeb Sofietaidd

Oherwydd i Gorbachev roi'r hawl i wledydd yn y Bloc Sofietaidd adael yn heddychlon, roedd llawer o gomiwnyddion digyfaddawd ei wlad yn gandryll. Cynllwyniwyd i gael gwared arno, ac yn 1991, llwyddwyd i gipio grym yr arweinydd Rwsiaidd, a'i garcharu. Ond, cafodd ei ryddhau yn sgil protestiadau yn y strydoedd dan arweiniad Boris Yeltsin. Er i Gorbachev ddychwelyd i'w swydd am gyfnod byr, roedd ei afael ar rym wedi gwanhau, ac ymddiswyddodd ar Awst y 24ain, 1991. Boris Yeltsin a gymerodd ei le yn etholiadau rhydd cyntaf Rwsia. Wedi hynny, daeth y Blaid Gomiwnyddol i ben yn swyddogol, ac ym mis Rhagfyr 1991, chwalodd yr Undeb Sofietaidd. Meddai Yeltsin, 'Gall y byd ochneidio gyda rhyddhad unwaith eto'.

Rhwygiadau

Gydag amser, dechreuodd rhai Almaenwyr ddigalonni. Yn yr hen Ddwyrain, pobl o'r hen Orllewin oedd yn meddu ar oddeutu dwy ran o dair o'r holl swyddi uwch yn y sectorau cyhoeddus a phreifat, ac er bod biliynau o deutschmarks wedi'u harllwys i mewn i'r hen Weriniaeth Ddemocrataidd, roedd y cyflogau yno'n llawer is nag yng ngorllewin y wlad. Teimlai llawer o gyn-orllewinwyr yn chwerw hefyd, oherwydd bod llawer o swyddi lleol â chyflogau isel yn cael eu gwneud gan gyn-ddwyreinwyr, a oedd yn fodlon gweithio am arian bach. 'Cred rhai ei fod yn beth da, ond mae eraill yn dweud y dylen ni ail godi'r Wal,' meddai un adeiladwr o Orllewin yr Almaen, ar ôl colli busnes i ddwyreinwyr a oedd yn codi prisiau is na'i rai ef oherwydd cymorth y llywodraeth.

SENEDD *newydd yr Almaen*

Ym mis Mehefin 1991, dechreuodd y Bundestag drosglwyddo'r senedd a'r llywodraeth i Berlin. Roedd y senedd a'r llywodraeth newydd am gael eu lleoli yn Spreebogen, sef yr ardal o amgylch hen adeilad y Reichstag, gan gysylltu rhannau dwyreiniol a gorllewinol Berlin. Rhoddwyd cromen wydr newydd i'r Reichstag, pencadlys newydd llywodraeth yr Almaen, ac agorwyd yr adeilad i'r cyhoedd, gan roi lle i ymwelwyr edrych o uchder i lawr ar Berlin.

Mewnfudo Roedd yr Almaen newydd yn dod yn lle mwy deniadol i fyw wrth i ffiniau gael eu hagor ar draws Ewrop. Nid oedd gan yr Almaen newydd unrhyw gyfreithiau swyddogol ar gyfer mewnfudo, felly gallai mewnfudwyr gyrraedd fel ffoaduriaid gwleidyddol, gan obeithio y byddai'r llywodraeth yn rhoi lloches iddynt. Erbyn 1992, roedd yr Almaen yn derbyn 78.8% o holl geiswyr lloches Ewrop.

Neo-Natsïaid Roedd anniddigrwydd cyffredinol ynglŷn â'r holl fewnfudo i'r Almaen ym mis Ebrill 1991. Trodd hynny'n chwerwder mawr pan gyhoeddwyd y byddai pobl o Wlad Pwyl yn cael mynediad heb fisa. Cododd neo-Natsïaid rwystrau groesfannau'r ffin, gan ymosod ar fysiau a cheir o Wlad Pwyl. Ym mis Mehefin, cyrhaeddodd 2,000 o eithafwyr ddinas Dresden, gan weiddi 'Heil Hitler!' ac 'Auslander raus!' ('Tramorwyr Allan!').

Yn ystod haf 1992, daeth newyddion am lawer o ymosodiadau dychrynllyd ar fewnfudwyr a cheiswyr lloches. Rhoddwyd tolc arall i enw da'r Almaen pan roddwyd cosb ysgafn i'r neo-Natsïaid gan y llysoedd.

LLOFRUDDIAETH *ym Molln*

Ar Dachwedd y 23ain, mewn tref fach o'r enw Molln, rhoddwyd tŷ teulu o Dwrci ar dân, gan ladd gwraig a dwy ferch. Roedd y teulu wedi bod yn yr Almaen ers cenedlaethau, ac i bobl yr Almaen, roedd y trais yn eu herbyn yn hollol wrthun. Erbyn diwedd Ionawr 1993, roedd bron i dair miliwn o bobl wedi protestio yn erbyn y trais.

Rhyfel y Gwlff a Kosovo

Dechreuodd rhyfel cyntaf y Gwlff ym mis Ionawr 1991. Roedd yr Almaen yn amharod i ymyrryd yn filwrol, felly cynigiodd gymorth ariannol yn hytrach na milwyr. Erbyn diwedd y rhyfel, roedd yr Almaen wedi cyfrannu tua 5.3 biliwn marc at y rhyfel. Ond, yn 1999, cymerodd yr Almaen ran yn ymgyrch fomio NATO yn Kosovo, a chyfrannodd filwyr at y llu rhyngwladol a aeth i mewn i'r wlad.

Bu twf syfrdanol ym mhoblogrwydd y Dde Eithafol yn yr Almaen ar ôl yr ailuno. Yn ystod 1992 yn unig, cofnodwyd bron i 3,000 o ymosodiadau ar fewnfudwyr a phobl eraill ar y cyrion megis y digartref. Teimlai pobl Gorllewin yr Almaen yn fwy anfoddog o hyd ynglŷn â'r gefnogaeth a roddwyd i'w cyn gymdogion yn Nwyrain yr Almaen.

CAU'R DRWS *ar y gorffennol*

Erbyn diwedd y 1990au, roedd yr Almaen wedi talu dros 104 biliwn marc o iawndal i ddioddefwyr Hitler. Ond ar ôl i lawer o fusnesau adnabyddus gael eu hadfeddiannu yn yr Almaen yn 1998, daeth rhai o oroeswyr yr Holocost yn UDA â chyfres o achosion llys yn erbyn cwmnïau o'r Almaen a ddefnyddiodd gaethweision yn ystod y rhyfel. Ym mis Rhagfyr 1999, sefydlodd Schroeder gronfa werth 10 biliwn marc i deuluoedd y caethweision hyn.

Gerhard Schroeder a gymerodd le arweinydd yr Almaen, Helmut Kohl. Roedd yn ddyn carismataidd a oedd yn wleidydd proffesiynol. Bu gynt yn Arlywydd Weinidog talaith Savoy Isaf yn yr Almaen.

Yr Undeb Ewropeaidd

Ar ôl ailuno'r Almaen, cydweithiodd y Canghellor Kohl a'r Arlywydd Mitterrand o Ffrainc ar brosiect uchelgeisiol i ddod ag Ewrop yn agosach at ei gilydd. Roedd Kohl yn benderfynol y dylai'r Almaen chwarae rôl amlwg yn y broses hon. Ym mis Rhagfyr 1992, ym Maastricht, yr Iseldiroedd, arwyddwyd cytundeb a oedd yn ymrwymo 14 o wledydd Ewrop i ffurfio cynghrair gref. Mewn cyfarfod arall yn yr Iseldiroedd yn 1997, cyhoeddwyd cynlluniau i lansio arian unigol – yr ewro. Ffrainc a'r Almaen oedd ar flaen y gad yn y broses o integreiddio. Cyhoeddodd Kohl mai adeiladu 'Unol Daleithiau Ewrop' fyddai 'prif stori lwyddiant y ganrif nesaf'.

Kohl yn colli'i swydd

Ar Fedi'r 11eg, 1998, collodd Helmut Kohl – pensaer ailuniad yr Almaen – ei swydd. Cwympodd ei boblogrwydd wrth i bobl Dwyrain yr Almaen ddechrau teimlo nad oedd yn cadw'i addewidion. Er gwaetha'r ffaith iddo neilltuo biliynau o farciau i adfywio dwyrain y wlad, teimlai llawer fod Kohl wedi methu â darparu'r 'tirluniau llewyrchus' yr addawodd iddynt.

Yr Almaen o dan Schroeder

Daeth arweinydd yr SDP, Gerhard Schroeder, i gymryd lle Kohl fel canghellor. Roedd yr arweinydd newydd yn wisgwr trwsiadus a hoffai smygu sigarau drudfawr, ac fe greodd argraff fawr ar bobl yr Almaen. Gan gyhoeddi fod 'oes Helmut Kohl ar ben', addawodd Schroeder oes newydd i'r Almaen ynghyd â chyfoeth i bawb. Roedd yn frwdfrydig ynglŷn â'r ewro, ond roedd ei agwedd tuag at rôl yr Almaen yn y byd yn wahanol. Fe'i ganwyd yn 1944, a Schroeder oedd canghellor cyntaf yr Almaen a oedd yn rhy ifanc i gofio'r rhyfel. Cafodd hyn effaith fawr ar ei bolisi tramor.

Polisi amddiffyn Ewrop

O dan Schroeder, dechreuodd yr Almaen gymryd rhan fwy amlwg ar lwyfan y byd. Ymunodd tua 4,000 o luoedd arfog yr Almaen â lluoedd cadw heddwch yn Kosovo a Macedonia yn 1999. Gan obeithio y byddai'r cyfraniad hwn yn dechrau gwneud iawn am yr erchyllterau a gyflawnodd yr Almaen yn ystod yr Ail Ryfel Byd, cyhoeddodd Schroeder, 'Yma, mae Milwyr yr Almaen yn dangos yr Almaen y gobeithiwyd amdani o'r dechrau yn yr ardal hon, ond nas gwelwyd tan nawr'. Wedi hyn, cymerodd yr Almaen ran hefyd mewn ymgyrchoedd llwyddiannus i gael gwared ar gyfundrefn y Taliban yn Affganistan yn 2001.

Dathliadau Dengmlwyddiant

Dydd Mawrth, Tachwedd y 9fed, 1999, daeth yr Almaen a'r rhan fwyaf o'r byd i stop, er mwyn cofio am gwymp y Wal ddeng mlynedd ynghynt. Daeth cyn arlywydd America, George Bush (yr hynaf), yr

COFEB *i'r Wal*

Ym mis Awst 1998, cyhoeddwyd cynlluniau i godi cofeb i'r Wal wrth Bernauer Strasse. Gwnaethpwyd y gofeb o ddarn 70 metr o Wal Berlin, gyda holltau wedi'u torri yn y darn a haenau o ddur ar y pen. Yr Undeb Ewropeaidd

arweinydd Sofietaidd olaf, Mikhail Gorbachev, Canghellor yr Almaen, Gerhard Schroeder, a'i ragflaenydd, Helmut Kohl, i Berlin i nodi'r achlysur. Yn y strydoedd, perfformiodd cerddorion ar y fan lle safai'r Wal a fu unwaith yn gwahanu'r Dwyrain a'r Gorllewin. Hefyd, gwahoddwyd plant a anwyd wrth i'r Wal gael ei dymchwel, i ddathlu eu penblwyddi gyda maer Berlin.

Denwyd miloedd o bobl i ganol Berlin gan ddathliadau'r dengmlwyddiant. Roedd y miri'n cynnwys sioe laser Nos Galan wrth Gât Brandenburg.

> *'Fe ddaw dydd pan na fydd Almaenwr yn ymddiheuro'n syth wrth fynd i mewn i ystafell.'*
>
> Willy Brandt, cyn ganghellor Gorllewin yr Almaen, yn rhagweld dyfodol euraidd i'r Almaen

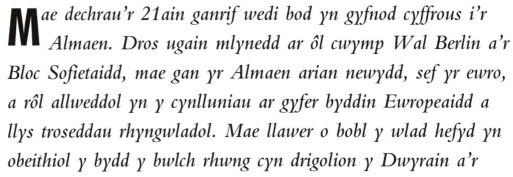

Mae dechrau'r 21ain ganrif wedi bod yn gyfnod cyffrous i'r Almaen. Dros ugain mlynedd ar ôl cwymp Wal Berlin a'r Bloc Sofietaidd, mae gan yr Almaen arian newydd, sef yr ewro, a rôl allweddol yn y cynlluniau ar gyfer byddin Ewropeaidd a llys troseddau rhyngwladol. Mae llawer o bobl y wlad hefyd yn obeithiol y bydd y bwlch rhwng cyn drigolion y Dwyrain a'r Gorllewin yn dal i leihau, gan arwain at wlad gwbl unedig a bodlon.

Helô ewro

Ar Ionawr y 1af, 2002, dechreuodd yr Almaenwyr ddefnyddio arian newydd yn lle'r deutschmark, sef yr ewro – arian newydd yr Undeb Ewropeaidd. Hefyd, parhaodd i bwyso am ehangu'r Undeb Ewropeaidd. Erbyn 2004, byddai deg o wledydd eraill wedi cael eu derbyn i'r UE. Gobaith yr Almaen a'i chymdogion yn yr UE oedd y byddai'r ewro'n cystadlu o ddifri yn erbyn doler yr Unol Daleithiau, ac yn gymorth i greu Ewrop mwy diogel a llewyrchus.

Bygythiadau

Fel nifer o wledydd eraill y Gorllewin, daw'r prif fygythiad i'r Almaen nawr wrth fudiadau terfysgol fel al-Qaeda yn hytrach na gelynion traddodiadol. Roedd llawer o derfysgwyr trychineb Canolfan Fasnach y Byd ar Fedi'r 11eg, 2001, wedi astudio yn Hamburg ac wedi ffurfio celloedd terfysgol anghyfreithlon yno. Ar ôl y digwyddiad brawychus hwn, sylweddolodd y Canghellor Gerhard Schroeder ei bod yn bwysicach nag erioed i gefnogi 'cynghreiriau rhyngwladol' yn erbyn 'trais arwahanol ... terfysgwyr'.

Amddiffyn

Yn 2002, ar y cyd â'r Iseldiroedd, arweiniodd yr Almaen y Llu Hwyluso Diogelwch Rhyngwladol (ISAF) yn Kabul, Affganistan. Ond yn 2003, ar y cyd â Ffrainc, dewisodd yr Almaen beidio ag ymuno â llu Eingl-Americanaidd a aeth i mewn i Irac gyda'r nod o chwalu unbennaeth Saddam Hussein. Yn hytrach, dewison nhw gefnogi'r llu trwy gyfrannu rhagor o arian i'r Cenhedloedd Unedig.

Ar y cyd â Ffrainc, yr Almaen oedd ar flaen y gad i gael arian cyfred unigol i Ewrop, sef yr ewro. Er gwaetha'r problemau cychwynnol, rhoddwyd yr arian newydd ar waith, a'r Almaen bellach yw canolfan fancio'r Ewrop newydd.

YR ALMAEN *a'r Cenhedloedd Unedig*

Yn 1996, sefydlodd y CU nifer o sefydliadau yn Bonn, gan gynnwys Canolfan Wybodaeth y Cenhedloedd Unedig. Yna, ar Ionawr y 1af, 2003, daeth yr Almaen yn aelod dros dro o Gyngor Diogelwch y CU. Mae'r Almaen hefyd yn un o dros 60 o wladwriaethau sydd wedi cytuno i sefydlu Llys Troseddau Rhyngwladol, lle bydd gwledydd yn dod at ei gilydd i sicrhau bod troseddwyr yn wynebu cyfiawnder.

ECONOMI *anferth*

Er gwaethaf cyfnodau anodd ar ddechrau'r unfed ganrif ar hugain, mae economi'r Almaen yn parhau i fod yn bwerus. Mae ganddi Gynnyrch Mewnwladol Crynswth o dros £1.25 triliwn, ac mae'n arwain y byd o ran cynhyrchu cemegau, dur, peiriannau, cerbydau a nwyddau trydanol. Mae llawer o wneuthurwyr ceir enwocaf y byd yn dod o'r Almaen, megis BMW, Mercedes a Porsche. Yn wir, mae'r Almaen yn ail i'r Unol Daleithiau o ran masnach ryngwladol.

Mae'r Almaen yn enwog am ansawdd ei chynnyrch, yn enwedig ceir. Mae'r car moethus hwn (chwith) yn cael ei wneud gan y cwmni Almaenig BMW, sydd, ar y cyd â Mercedes Benz, Porsche a Volkswagon, yn gwerthu miliynau o geir ledled y byd bob blwyddyn.

Byddin Ewropeaidd

Wrth i wledydd ddechrau cydweithio yn Ewrop wedi'r rhyfel, cafwyd sôn am Fyddin Ewropeaidd. Yn 1991, daeth Ffrainc, yr Almaen, Sbaen, Gwlad Belg a Luxembourg at ei gilydd i greu byddin o'r enw'r Eurocorps, a oedd wedi'i lleoli yn Strasbourg. Roedd yn cynnwys hyd at 60,000 o filwyr, ac fe wasanaethodd yn Bosnia-Herzegovina a Kosovo. Ond, mae'r Almaen wedi datgan yr hoffai greu Byddin Ewropeaidd barhaol. Yn sgil cynigion yn 1999 am lu ymateb cyflym mae llu newydd o wledydd yr Undeb Ewropeaidd wedi ei greu, gyda hyd at 60,000 o filwyr a 400 o awyrennau. Gan y llu gynnal ymgyrch am hyd at flwyddyn.

Uno pobl

Un o'r prif broblemau a wynebai'r Almaen ar ôl yr uniad oedd diffyg cydraddoldeb rhwng trigolion y Dwyrain a'r Gorllewin. Er mwyn ceisio dod â'r ddwy ochr ynghyd, mae'r llywodraeth yn dal i wario symiau anferth o arian yn Nwyrain yr Almaen gynt, gan fuddsoddi mewn rhwydweithiau trafnidiaeth a chyfathrebu, yn ogystal â hybu twf swyddi mewn busnesau bychain. Mae'r buddsoddiad enfawr hwn yn dwyn ffrwyth. Erbyn 2000, roedd cynhyrchwyr yn nwyrain yr Almaen yn tyfu ar raddfa foddhaol iawn, a Dwyrain yr Almaen gynt fwy neu lai'n gyfartal â gweddill y wlad erbyn 2005.

Mae'r Typhoon, yr Ewro-ymladdwr, yn enghraifft arbennig o gydweithio milwrol yn Ewrop. Mae pedair gwlad – yr Almaen, yr Eidal, Sbaen a Phrydain – yn gweithio gyda'i gilydd i gynhyrchu awyrennau rhyfel a all gystadlu â modelau gorau America.

LLINELL AMSER

1800–1938

• 1848: Cyhoeddi'r Maniffesto Comiwnyddol gan Marx ac Engels. Daw yn boblogaidd iawn mewn rhannau o Ewrop, yn enwedig Rwsia.

• 1914: Llofruddiaeth yr Archddug Franz Ferdinand yn arwain at ddechrau'r Rhyfel Byd Cyntaf.

• 1917: Chwyldro Comiwnyddol yn dymchwel y Tsar yn Rwsia

▼ 1933: Hitler a'i blaid, y Sosialwyr Cenedlaethol (Natsïaid) yn cael eu hethol i rym yn yr Almaen.

1939–1946

• 1939: Y Cytundeb Natsïaidd-Sofietaidd, sef cytundeb i beidio ag ymosod, a arwyddwyd ym mis Awst gan yr Almaen a'r Undeb Sofietaidd.

• 1941: Hitler yn anwybyddu cytundeb 1939 gyda'r Undeb Sofietaidd, a'i luoedd yn ymosod ar yr Undeb Sofietaidd.

• Rhagfyr y 7fed, 1941: Japan yn lansio ymosodiad ar Pearl Harbor, gan ysgogi UDA i ymuno â'r Ail Ryfel Byd.

• 1945: Yr Ail Ryfel Byd yn dod i ben wrth i'r Cynghreiriaid drechu lluoedd Hitler.

• 1945: Cynnal cynhadledd Yalta ym mis Chwefror. Y canlyniad yw rhannu'r Almaen a Berlin yn ranbarthau dan reolaeth y pedwar pŵer Cynghreiriol.

• 1945: Llunio cytundeb yn Potsdam rhwng Gorffennaf 17eg ag Awst yr 2il, i orfodi'r Almaen i dalu am ei gweithredoedd yn ystod y rhyfel.

• 1946: Syr Winston Churchill yn gwneud ei araith 'Llen Haearn', gan gyhoeddi fod 'llen haearn wedi disgyn dros y cyfandir', mewn ymateb i'r ffaith fod Gwlad Pwyl, Hwngari a Tsiecoslofacia wedi troi'n gomiwnyddol.

1947–1952

• 1947: Cyhoeddi Athrawiaeth Truman ym mis Mawrth, wedi'i dilyn gan Gynllun Marshall ym mis Mehefin.

• 1948: Dechrau Gwarchae Berlin a'r Awyrgludiad ym mis Mehefin. Caiff dros filiwn o dunelli o nwyddau eu dosbarthu i'r ddinas, gan gynnwys camel o'r enw Clarence a roddwyd yn anrheg!

• 1948: Yr Undeb Sofietaidd yn ffrwydro eu bom niwclear cyntaf.

• 1949: UDA, Canada a llawer o genhedloedd Ewrop yn ffurfio NATO (North Atlantic Treaty Organization) yn ogystal â GDdA (Gweriniaeth Ddemocrataidd yr Almaen) yn ffurfiol yn Nwyrain yr Almaen, a GFfA (Gweriniaeth Ffederal yr Almaen) yng Ngorllewin yr Almaen.

• 1949: Mao Tse-tung yn sefydlu Gweriniaeth Pobl Tsieina ar Hydref y 1af.

1953–1960

• 1953: Stalin yn marw yn yr Undeb Sofietaidd yn 74 oed.

• 1955: Llunio Cytundeb Warsaw, sef undeb milwrol rhwng gwledydd Dwyrain Ewrop a'r Bloc Sofietaidd mewn ymateb i undeb NATO. Roedd yn cynnwys yr Undeb Sofietaidd, Albania, Bwlgaria, Rwmania, Dwyrain yr Almaen, Gwlad Pwyl a Tsiecoslafacia – holl wledydd comiwnyddol Dwyrain Ewrop, heblaw Iwgoslafia.

• 1955: Dechrau'r rhyfel yn Fietnam rhwng Gweriniaeth Fietnam yn y De, gyda chefnogaeth UDA a Gweriniaeth Gomiwnyddol Ddemocrataidd Fietnam yn y Gogledd.

• 1956: Gwrthsefyll chwyldro yn Hwngari ym mis Tachwedd gan y fyddin Sofietaidd.

1961–1970

▲ *1961: Dechrau adeiladu Wal Berlin ar nos Sul, Awst y 13eg.*

• *1962: Argyfwng Taflegrau Ciwba ym mis Hydref. Daw'r byd yn agos at ryfel wrth i Kennedy a Krushchev ddod benben â'i gilydd ynglŷn â thaflegrau yr oedd yr Undeb Sofietaidd yn eu cadw yng Nghiwba. Yn y pen draw, cytuna arweinydd yr Undeb Sofietaidd i'w symud.*

• *1963: Kennedy yn ymweld â Wal Berlin ar Fehefin y 26ain, 1963, lle y gwna ei araith enwog, 'Ich Bin Ein Berliner'.*

• *1968: Dechrau Gwanwyn Prâg yn Tsiecoslofacia. Diswyddo Dubcek, arweinydd oedd yn cefnogi newid, pan ddaw lluoedd Sofietaidd i orchfygu'r wlad.*

• *1970: Cyhoeddi cytundeb Ostpolitik gan y Canghellor Brandt o Orllewin yr Almaen. GFfA a GDdA yn cyfnewid llysgenhadon am y tro cyntaf.*

1971–1988

• *1973: UDA yn cydnabod eu bod wedi'u trechu yn Fietnam, a daw'r wlad Asiaidd gyfan yn wlad gomiwnyddol yn 1975.*

• *1979: Yr Undeb Sofietaidd yn gorchfygu Affganistan. Mewn ymateb i hynny, penderfyna UDA ddiddymu'r addewidion a wnaed yng nghynadleddau SALT.*

• *1981: Ethol Ronald Reagan yn Arlywydd UDA.*

• *1985: Ethol Mikhail Gorbachev yn arweinydd yr Undeb Sofietaidd.*

1989–1990

• *Mehefin 1989: Y Comiwnyddion yn colli'r etholiad yng Ngwlad Pwyl.*

Hydref 1989: Gorbachev yn ymweld â Berlin ac yn dod wyneb yn wyneb â phrotestwyr sy'n ymbil arno am gymorth.

• *Tachwedd 1989: Cwymp Wal yn ystod y nos ar Dachwedd y 9fed.*

• *Rhagfyr 1989: Y llywodraeth Gomiwnyddol yn dod i ben yn Tsiecoslofacia, a gwrthryfel yn Rwmania'n disodli'r unben creulon, Ceausescu. Cyhoeddi etholiadau rhydd yn Hwngari hefyd.*

• *Ebrill 1990: Etholiadau rhydd yn arwain at lywodraeth anghomiwnyddol ym Mwlgaria.*

• *1990: Ailuno Dwyrain a Gorllewin yr Almaen ar Hydref y 3ydd.*

1991–2007

• *1991: Gorfodi Gorbachev o'i swydd yn yr Undeb Sofietaidd. Caiff ei swydd yn ôl yn sgil protestiadau dan arweiniad Boris Yeltsin, ond yn ddiweddarach, daw Yeltsin i gymryd ei le. Y Blaid Gomiwnyddol yn yr Undeb Sofietaidd yn ymddiswyddo ac yn ei diddymu ei hun.*

• *1991: Dechrau Rhyfel Cyntaf y Gwlff. Yr Almaen yn cyfrannu arian yn hytrach na lluoedd arfog.*

• *1991: Cyhoeddi y bydd senedd newydd yn cael ei chodi yn Berlin.*

• *1991: Arwyddo cytundeb Maastricht.*

• *1998: Schroeder yn dod yn arweinydd yn yr Almaen yn lle Kohl.*

• *1999: Yr Almaen yn anfon lluoedd i Kosovo.*

• *1999: Yr Almaen yn ymrwymo i arian unigol Ewrop, gan rwymo'r deutschmark wrth yr ewro ar Ionawr y 1af.*

• *1999: Agor adeilad y Reichstag, sef cartref senedd newydd yr Almaen, ar ei newydd wedd, ar Ebrill y 19eg.*

• *2002: Yr ewro'n cymryd lle'r deutschmark yn yr Almaen.*

• *2003: Dechrau Ail Ryfel y Gwlff. Yr Almaen ddim yn ymuno.*

• *2004: Yr UE yn croesawu'r Weriniaeth Tsiec, Cyprus, Estonia, Hwngari, Latfia, Lithwania, Malta, Gwlad Pwyl, Slofacia a Slofenia.*

• *2007: Rwmania a Bwlgaria yn ymuno â'r UE.*

ailuno Uno rhywbeth a oedd yn arfer bod yn unedig. Ar ôl yr Ail Ryfel Byd rhannwyd yr Almaen yn ddwy wlad, sef y Weriniaeth Ffederal a'r Weriniaeth Ddemocrataidd. Cafodd rhain eu hailuno yn 1990.

allfudo Symudiad pobl allan o ranbarth neu wlad.

awyrgludiad Dosbarthu nwyddau a chyflenwadau hanfodol gydag awyren. Digwyddodd Awyrgludiad Berlin yn 1948 ar ôl i'r Sofietiaid osod gwarchae ar Orllewin Berlin, gan rwystro cyflenwadau rhag cyrraedd y ddinas.

Bloc Sofietaidd Yr enw a roddwyd ar wledydd comiwnyddol Dwyrain Ewrop (a alwyd hefyd yn Floc Dwyreiniol).

canghellor Teitl arweinydd yr Almaen.

ceiswyr lloches Pobl sy'n ffoi oddi wrth erledigaeth neu drafferth mewn gwlad ac yn ceisio aros mewn gwlad arall er eu lles eu hunain.

CMC Cynnyrch Mewnwladol Crynswth. Dyma gyfanswm yr arian y mae gwlad gyfan yn ei gynhyrchu bob blwyddyn o bob agwedd o fyd busnes a diwydiant.

comiwnydd Person sy'n credu mewn cymdeithas ar draul yr unigolyn. Mewn cymdeithas gomiwnyddol, y wladwriaeth sydd yn berchen ar yr holl eiddo, gyda phawb yn rhannu cyfoeth y wladwriaeth ymysg ei gilydd.

cyfalafwr Person sy'n credu ym mhwysigrwydd hawliau'r unigolyn a gallu person i ennill ei elw ariannol ei hun, gyda chyn lleied â phosib o ymyrraeth gan lywodraethau.

Cynghreiriaid Gwledydd cyfeillgar â'i gilydd sy'n dod ynghyd i wynebu problem. Yn yr Ail Ryfel Byd, roedd y Cynghreiriaid yn cynnwys UDA, Prydain a'r Gymanwlad, yr Undeb Sofietaidd a Ffrainc. Daethant at ei gilydd i ymladd yn erbyn echel lluoedd yr Almaen, Japan a'r Eidal.

Cytundeb Warsaw Clymblaid yr hen wledydd comiwnyddol, gan gynnwys yr Undeb Sofietaidd, Gwlad Pwyl, Dwyrain yr Almaen a Tsiecoslofacia, mewn ymateb i sefydlu NATO gan wledydd y Gorllewin.

democratiaeth System o lywodraeth sy'n rhoi pleidlais i holl bobl y wlad i ddewis pwy sy'n rheoli llywodraeth y wlad honno.

deutschmark Hen arian yr Almaen.

ewro Arian unigol Ewrop, sydd wedi disodli'r hen arian yn y rhan fwyaf o wledydd Ewrop, gan gynnwys yr Almaen, Ffrainc, Iwerddon, yr Iseldiroedd a Sbaen.

fflach newyddion Bwletin newyddion byr ac annisgwyl, sy'n datgelu stori sydd newydd ddigwydd.

GDdA Gweriniaeth Ddemocrataidd yr Almaen, sef enw swyddogol Dwyrain yr Almaen. Crëwyd y Weriniaeth Ddemocrataidd yn 1949 yn yr ardal o'r Almaen a oedd yn cael ei rheoli gan luoedd Sofietaidd ar ôl diwedd yr Ail Ryfel Byd.

GFfA Gweriniaeth Ffederal yr Almaen, sef teitl swyddogol Gorllewin yr Almaen. Crëwyd y Weriniaeth Ffederal yn 1949 trwy uno tair rhan o'r Almaen a fu dan reolaeth Prydain, UDA a Ffrainc ar ôl yr Ail Ryfel Byd.

graffiti Darluniau neu eiriau, wedi'u hysgrifennu neu'u paentio ar wal.

Holocost y term a ddefnyddir i ddisgrifio'r hil-laddiad a ddigwyddodd o dan gyfundrefn y Natsïaidd yn ystod yr Ail Ryfel Byd, lle cafodd miliynau o Iddewon, Sipswn a phobl o ddwyrain Ewrop eu hanfon i wersylloedd-cadw a'u lladd.

Llen Haearn, y Y term a ddefnyddiwyd i ddisgrifio'r llinell derfyn yn Ewrop rhwng gwledydd cyfalafol yn y Gorllewin a gwledydd comiwnyddol yn y Dwyrain. Fe'i defnyddiwyd yn gyntaf gan Winston Churchill yn 1946.

llu cadw heddwch Llu milwrol a anfonir i ardal ryfelgar er mwyn ceisio cadw heddwch yno.

mewnfudo Symudiad pobl i mewn i ranbarth neu wlad.

mujahedeen Y term a ddefnyddiwyd i ddisgrifio ymladdwyr Islamaidd o Affganistan a ymladdodd ryfel gerila yn erbyn y lluoedd Sofietaidd a oresgynnodd Affganistan yn 1979.

NATO (North Atlantic Treaty Organization). Clymblaid o wledydd y Gorllewin, gan gynnwys Prydain, UDA, Ffrainc a Chanada, a ffurfiwyd mewn ymateb i'r bygythiad a deimlwyd o du'r gwledydd comiwnyddol.

Natsi Term sy'n disgrifio person â barn wleidyddol ffasgaidd eithafol. Daeth y Natsïaid i rym yn yr Almaen yn y 1930au o dan arweiniad Adolf Hitler.

Neo-Natsi Term a ddefnyddir i ddisgrifio person sy'n dal i gredu ym marn wleidyddol y Natsïaid heddiw.

Ostpolitik Polisi a ddatblygwyd gan Willy Brandt, sef canghellor yr Almaen yn y 1960au a'r 1970au. Ei nod oedd gwella'r berthynas wleidyddol rhwng Gorllewin yr Almaen a'i chymdogion comiwnyddol.

propaganda Rheoli gwybodaeth a newyddion er mwyn cyfleu neges wleidyddol arbennig.

rigio pleidleisiau Trefnu canlyniad etholiad drwy ymyrryd â'r pleidleisiau.

rheolfa Man ar ffin gwlad lle y caiff papurau adnabod person eu gwirio wrth iddynt fynd o un rhanbarth i'r llall.

Rhyfel Oer Y cyfnod wedi'r Ail Ryfel Byd, sy'n sôn am y tensiwn rhwng y gwledydd comiwnyddol (dan arweiniad yr Undeb Sofietaidd) a'r gorllewin cyfalafol (dan arweiniad UDA). Ni fu gwrthdaro uniongyrchol yn ystod y cyfnod hwn, ond roedd y gystadleuaeth wleidyddol rhwng y ddau grŵp yn ddwys dros ben.

Rhyfeloedd y Gwlff Y ddau ryfel a ddigwyddodd yn 1991 ac yn 2003 lle bu clymblaid o luoedd, dan arweiniad UDA, yn ymladd yn erbyn lluoedd Irac dan arweiniad Saddam Hussein. Roedd Rhyfel Cyntaf y Gwlff yn ymateb i oresgyniad Irac o Kuwait. Bwriad Ail Ryfel y Gwlff oedd dymchwel llywodraeth Saddam Hussein.

saethu i ladd Y penderfyniad i saethu pobl gyda'r bwriad o'u lladd yn hytrach na'u hanafu'n unig.

SALT (Strategic Arms Limitation Talks) Cyfres o gyfarfodydd rhwng arweinwyr gwleidyddol UDA a'r Undeb Sofietaidd i drafod cyfyngu ar arfau niwclear y gwledydd, ac i wneud llawer o gytundebau pwysig.

SDI (Strategic Defence Initiative) Cynllun 'Star Wars', sef system amddiffyn o'r radd flaenaf oedd hon, a ddatblygwyd gan UDA gyda'r nod o ddinistrio taflegrau niwclear yr Undeb Sofietaidd a oedd yn dod i'w cyfeiriad.

sofietaidd Enw cyngor mewn gwlad gomiwnyddol. Defnyddiwyd y term hefyd i ddisgrifio unrhyw beth neu unrhyw un o'r hen wledydd comiwnyddol.

Stasi Heddlu cudd GDdA. Roeddent yn gyfrifol am gasglu gwybodaeth am bobl yn eu gwlad eu hunain a hefyd yn euog o herwgipio, creulondeb ac arteithio.

Taliban Grŵp Islamaidd eithafol a gipiodd bŵer yn Affganistan, gan osod cyfundrefn Fwslimaidd lem yn y wlad. Cafodd cyfundrefn y Taliban ei chwalu pan oresgynnwyd y wlad gan luoedd dan arweiniad America yn 2002.

Undeb llafur Grŵp sy'n cynrychioli gweithwyr o ddiwydiant arbennig ac yn trafod materion ar eu rhan, megis cyflogau ac amodau gwaith.

Yr Undeb Sofietaidd Undeb y Gweriniaethau Sosialaidd Sofietaidd. Y wlad gomiwnyddol enfawr a ffurfiwyd drwy uno llawer o ardaloedd, gan gynnwys Rwsia, Latfia, yr Wcrain a Georgia. Chwalodd yr Undeb Sofietaidd yn 1991 ar ôl diddymu'r Blaid Gomiwnyddol o'i grym.

MYNEGAI

Ⓗ y testun: ticktock Entertainment Ltd 2003 ©

Ⓗ y testun Cymraeg: Eiry Miles 2011 ©

Cyhoeddwyd gyntaf yn 2003 gan ticktock Media Ltd.,

Unit 2, Orchard Business Centre, North Farm Road, Tunbridge Wells, Kent, TN2 3XF

ISBN 978 1 84851 280 1

Cyhoeddir gyda chefnogaeth

Llywodraeth Cynulliad Cymru.

Argraffwyd a rhwymwyd yng Nghymru gan

Wasg Gomer, Llandysul, Ceredigion SA44 4JL

www.gomer.co.uk

Cydnabod Lluniau:

c = canol; g = gwaelod; ch = chwith; dd = dde; t = top.

Alamy: 9g & 42g.

Corbis: 1c, 4t & g, 5t, 7t, 8t, 11c, 12g, 13g, 15t, 16t, 17g, 18t, 19g, 21t, 26g, 28t, 29t & g, 30t, 31g, 32g, 36g, 37g, 39g, 42c,

Hulton Archive: 14g & 43t. 21g, 25g,

PA Photos: 22t & g, 24g, 25g.